किवाड़ों पर थाप

किवाड़ों पर थाप

अवधनारायण मुद्गल
की
कविताएँ

संपादन

महेश दर्पण

प्रलेक प्रकाशन प्रा. लि.

Pralek Prakashan Pvt. Ltd.

in Associaton with JVP Publication Pvt. Ltd.

ISBN : 978-93-90500-28-4

पहला पेपरबैक संस्करण : अप्रैल 2021

प्रकाशक :
प्रलेक प्रकाशन प्राइवेट लिमिटेड
PRALEK PRAKASHAN PVT. LTD.

वितरक :
जेवीपी पब्लिकेशन प्राइवेट लिमिटेड
JVP PUBLICATION PVT. LTD.
602, आई-3, ग्लोबल सिटी
विरार (वेस्ट), मुम्बई, महाराष्ट्र-401303
दूरभाष : 9833402902 / 7021263557
Email : pralek.prakashan@gmail.com
Website : www.pralekprakashan.com

किवाड़ों पर थाप : सम्पादन- महेश दर्पण
Kivaadon Par Thaap: Sampadan- Mahesh Darpan

आवरण : जेवीपी पब्लिकेशन प्रा.लि.
पुस्तक सज्जा : प्रलेक प्रकाशन प्राइवेट लिमिटेड

अवधप्रिया चितुल को समर्पित

पूर्वकथन

अपने समय का रचनात्मक इतिहास

✍ **महेश दर्पण**

मध्यवर्गीय कृषि परिवार के अनुभव लिए अवधनारायण मुद्‌गल का बचपन, कैशोर्य ग्रामीण वातावरण में गुज़रा। ये तीन भाई और एक बहन में एक थे। बहन थीं सबसे बड़ी। इनके मंझले भाई का निधन पंद्रह बरस की उम्र में हो गया था। ग्रामीण वातावरण में रामलीला देखने जाना, कबड्‌डी खेलना, पट्‌टियां लड़ाना, सिंघाड़े तोड़ना, बाग में जाकर बेर तोड़ लाना और किसम-किसम की मस्तियां करना एक अलग ही किस्त के अवधनारायण को खड़ा कर रहा था। 'कपनू' मास्टर के साथ शरारतें करना और फिर पिटना ही नहीं, किसी व्यवहार के परिणाम से सबक लेते हुए जिंदगी को संभालना व सुधारना भी इसी दौर से मिजाज का हिस्सा बन गया। खेत-खलिहान में छुआछुअल के खेल खेलते हुए बड़े हुए अवध देखते कि कैसे बैलों या भैंसों की जोड़ी से दायें चलाई जा रही हैं, पाले में डलिया का घेरा सहलाया जा रहा है! अवध ने बचपन में दायें भी चलाईं, सहलाने का कमा भी किया और खेतों से बाजरे की पूलियां भी ढोईं। सात-आठ बरस की उम्र में ही मंझले भाई का निधन देखा। यही नहीं, दाह-संस्कार भी किया। बहन पहले ही गुज़र चुकी थीं। बहरहाल, खेत जोतना, खेतों में पटेला करना, ग्रामीण अंधविश्वासों के बीच से होकर गुज़रना और ऐसी शरारतें करना जिनका भुगतान फिर परिवार को करना पड़े, झाड़-फूंक से लेकर बिच्छू उतारने तक की क्रियाओं को करीब से देखना, दीपक की रोशनी में पढ़ना और बिजली के तारों को हैरानी से देखते हुए नई कल्पनाएं करना अवध के किशोर जीवन का हिस्सा रहा। मिडिल स्कूल में हर शनिवार को रामायण-पाठ, फिर गट्‌टे, रेवड़ी, इलायचीदाने का प्रसाद पाना, अखाड़े में कुश्ती लड़ना, बैठकें

लगाना और दंड पेलना, भंग घोटना, ठंडाई पीना नये-नये अनुभव दे गया। प्रकृति के सहज वातावरण में एक ऐसे मानस ने आकार लिया जिसे विशुद्ध देसी कहा जा सकता है।

दस्तावेज़ों की भाषा में बात करें, तो 28 फरवरी, सन् 1936 को गांव एमनपुरा, तहसील बाह, जिला-आगरा में जन्मे अवधनारायण मुद्‌गल की शिक्षा आगरा, कानपुर और लखनऊ में सम्पन्न हुई। संस्कृत ग्रंथों के आधार ने सोच और समझ की ज़मीन मजबूत की और युवा होते-होते अवध वाराणसी से शास्त्री, प्रयाग से साहित्य रत्न और लखनऊ विश्वविद्यालय से स्नातक उत्तीर्ण कर चुके थे। किंतु इससे बहुत पहले वह कर चुके थे रचना की शुरुआत। यह कविता से हुई थी। अवधनारायण पांचवीं कक्षा में ही थे, भारत स्वतंत्र हुआ ही था, तभी लिखी पहली कविता। यह न कहीं भेजी ही गई और प्रकाशित होने का तो प्रश्न ही कहां उठता था, पर कवि ने इन पंक्तियों के लेखक को एक भेंट में बताया था कि यह रचना गांधी जी के बारे में थी। इसके कुछ समय बाद ही दूसरी रचना उस समय के अनुरूप लिखी थी। इसमें कवित्त-सवैया का प्रयोग था। यदि कविता से विधिवत रिश्ते की बात की जाये, तो जब अवध जी आगरा से गांव लौट आये थे, पढ़ाई एक समय बीच में ही छूट गई थी, तभी वह कुछ साहित्यिक बैठकों में जाने लगे। इनके एक मित्र थे रामजीदास गुप्त। ये बैठकें उन्हीं के यहां हुआ करती थीं। अवधनारायण ने इन दिनों इन बैठकों में अपनी रचनाएं खूब सुनाईं। यही वह दौर था जब उन्होंने सौ के करीब सौनेट या चतुष्पदियां लिखीं। यदि प्रकाशन की बात की जाये तो इनकी पहली कविता आगरा से प्रकाशित होने वाली एक लघु-पत्रिका में प्रकाशित हुई थी। इसके संपादक थे- सतीश चौबे। यह सन् 1953 का वर्ष था।

अवधनारायण के कवि गुरु थे डॉ. रामगोपाल शर्मा 'दिनेश'। यह उन दिनों भदावर स्कूल में अध्यापक थे। यह स्कूल अवध के मिडिल स्कूल के बहुत पास था। दिनेश जी अच्छे कवियों में गिने जाते थे। इनके साथ से रचना की एक स्वस्थ समझ एक नये रचनाकार में होती गई।

अच्छी बात यह रही कि अवधनारायण मुद्‌गल को संस्कृत साहित्य की ज़मीन भी सहज ही मिलती गई। बाद में जब 'माध्यम' में इनकी रचनाएं प्रकाशित हुईं तो कवि-समाज में यह समादृत हुए। लखनऊ पहुंचे, तो इनका संपर्क 'कंचना' के सदस्यों से हुआ। इसके मालिक थे- पं. रामनारायण शुक्ल। इनके पुत्र भी अवधनारायण के मित्र हो गए। ये सभी इनकी कविताएं पसंद करते। यहां रहते, इनके रचना-संस्कार में हास्य-व्यंग्य का पुट भी शामिल हो

गया। यहीं एक दुकान हिंद फोटोग्राफर की भी थी, जिनके मालिक रमेश गुप्त इनके मित्र हो गए। इनके साथी विष्णु त्रिपाठी से मैत्री हुई, तो उन्होंने दिवाकर जी से परिचय गराया। विष्णु त्रिपाठी तो कवि सम्मेलनों में जाते ही थे, दिवाकर जी ने अवधनारायण का नाम भी कवि सम्मेलनों के लिए संस्तुत करना प्रारंभ कर दिया। धीरे-धीरे रचना का दायरा भी बढ़ा और उत्साह भी आया। लखनऊ में ही बीर राजा से परिचय हुआ, जो एक रेस्त्रां चलाते थे और सुपरिचित कथाकार थे।

लखनऊ उन दिनों एक प्रमुख साहित्यिक शहर था। वहां हजरतगंज के काफी हाउस में अवधनारायण का परिचय शिव वर्मा से हुआ। शिव वर्मा अनेक क्रांतिकारियों सहित कथाकार यशपाल के भी मित्र थे। यह उल्लेखनीय है कि यशपाल सुप्रसिद्ध क्रांतिकारी आज़ाद के बाद कमांडर इन चीफ भी रहे। शिव वर्मा यशपाल के साथ काम करते थे। लखनऊ के दोस्ताना माहौल में पीढ़ियों का अंतराल तो कम हो ही जाता था, हर व्यक्ति एक-दूसरे की मदद को भी तत्पर रहता।

एक दिन शिव वर्मा ने अवधनारायण से कहा- तुम हिन्दी समिति छोड़कर हमारे अखबार में आ जाओ। बस, जनाब ने 'जनयुग' जॉइन कर लिया। फिर कुछ समय बाद 'स्वतंत्र भारत' में काम करने लगे। कुछ दिनों बाद ही हुआ यह कि यशपाल को एक सहायक की ज़रूरत महसूस हुई। तब शिव वर्मा ने अवधनारायण से अखबार का काम छोड़कर यशपाल जी के यहां जाने की सलाह दी। यशपाल जी के यहां सौ रुपये मासिक पर अवधनारायण काम तो करते ही, वहीं रहते और खान-पान करते। यहां उनका काम था यशपाल जी का डिक्टेशन लेना, पत्र और किताबें पढ़कर सुनाना। कुछ काम उनके प्रेस के भी साथ में होते। खाली समय में अवध जी पड़ोस के एक मौलाना के यहां चले जाते और वहां बैठकी जमती। वहीं श्रीलाल शुक्ल, कुँवरनारायण और बीर राजा से घनिष्टता हुई। यही दिन थे जब वह अमृतलाल नागर जी के संपर्क में आकर उनके आत्मीय बन गए। यहां आने से पूर्व उनके कवि मित्रों और आत्मीयों के दायरे में उस समय के अनेक नये रचनाकार आ ही चुके थे। इनमें शरद नागर, रामसेवक, सत्यनारायण मतवाला, राकेश, नन्दराम चतुर्वेदी, आनंदी सहाय शुक्ल, मुस्तफा हुसैन, अमरनाथ मेहरोत्रा, बृजेन्द्र अवस्थी, कौशल कुमार, राधेयाम प्रवासी, साज आदि शामिल थे। यह सन् 1955 से 1961 तक का समय था, जिन दिनों अवधनारायण गीत, मुक्तक और कविताएं लिखने के साथ ही कहानियों में भी उतर आये थे।

उन दिनों सर्वेश्वर दयाल सक्सेना रेडियो प्रोग्राम बनाया करते थे। उनसे और ठाकुर प्रसाद सिंह से अवधनारायण का परिचय कॉफी हाउस में हुआ। ब्रजराज तिवारी अधीर और अवधनारायण को ठाकुर प्रसाद जी ने हिन्दी समिति में काम कर रखवा दिया, जो इनकी लखनऊ में पहली नौकरी थी। विश्वविद्यालय के दिनों के मित्र कमलेश हजरतगंज के निवासी थे। शुरुआत में उन्हीं के साथ रहना हुआ। एक कमरे में दो लोग रहा करते थे। कुछ पैसा हिन्दी समिति से मिलता, कुछ सर्वेश्वर जी रेडियो में प्रोग्राम से दिलवा देते।

काम बदलते रहे, नौकरी लगती और बदलती रही, पर रचनाकर्म साथ-साथ चलता रहा। प्रारंभ में गीत भी लिखे, पर फिर उनमें विशेष रुचि नहीं रही। उन दिनों अवधनारायण अनुभव कर रहे थे कि थोड़ में, सवयं को सार्थक तरीके से अभिव्यक्त करना हो तो कविता सबसे प्रिय माध्यम बन सकती है। कलात्मक दृष्टि से अपनी बात कविता में अधिक कारगर ढंग से की जा सकती है।

पहले अवधनारायण ग़ज़ल नहीं लिखा करते थे, यह काम उन्होंने कथाकार कमलेश्वर और 'सारिका' के सम्पादक कमलेश्वर की प्रेरणा से किया। उन दिनों अमृतलाल नागर की प्रेरणा से अवधनारायण 'सारिका' की सम्पादकीय टीम में सदस्य बन गए थे। (कमलेश्वर 'सारिका' के सम्पादक बनते, इससे पहले चन्द्रगुप्त विद्यालंकार के समय से ही अवधनारायण 'सारिका' में आ चुके थे) कहानी में प्रमुखता से काम करने के बाद भी कमलेश्वर की मैत्री अनेक प्रमुख कवियों से भी थी। इन्हीं में एक थे दुष्यंत कुमार। 'सारिका' का एक अंक उन पर तैयार किया गया। कमलेश्वर हिन्दी में ग़ज़ल का माहौल बनाना चाहते थे। उनका विचार था कि दुष्यंत कुमार की प्रेरणा से 'सारिका' में और लोगों की ग़ज़लें भी आने लगेंगी। दुष्यंत की ग़ज़लों को तो पर्याप्त सराहना मिली, किंतु उस तरह की ग़ज़लें 'सारिका' में पहुंची नहीं। तब कमलेश्वर जी ने एक दिन अवध जी से कहा- कुछ ग़ज़लें तुम लिखो मॉडल के तौर पर, जो तीन-चार अंकों में जाती रहें। इससे हिन्दी वालों में उस किस्म की ग़ज़लें लिखने का उत्साह पैदा होगा। यह एक अनुभवजनित सत्य है कि यदि सम्पादकीय टीम का कोई सदस्य कुछ लिखता है, तो उसे मॉडल मानकर अन्य लोग भी वैसा ही लिखने लगते हैं।

मॉडल के रूप को देखकर ग़ज़लें रचनाकार 'सारिका' हेतु भेजने लगे। कुछ समय तक यही क्रम फिर बना रहा। संयोग ही सही, किंतु अवध जी की ग़ज़लों में उनका एक अलग ही कवि सामने आता है। इसे पूर्व वह मिथकीय प्रतीकों की कविताएं लिखते रहे थे। कुछ रचनाएं वैयक्तिक सुख-दुख व निजी

जीवन के प्रसंगों से प्रेरित थीं तो कुछ नव्य गीत।

यह देखा जा सकता है कि अवधनारायण मुद्‌गल की मिथकीय प्रतीकों वाली रचनाओं में मिथक मात्र मिथक नहीं, उनसे संबंधित कुछ घटनाएं भी प्रतीकात्मक रूप में आती हैं। फिर भी उनका अभिप्राय केवल मिथक की प्रस्तुति नहीं, आधुनिक संदर्भों से उनका जुड़ा होना है। ये संदर्भ राजनैतिक भी हो सकते हैं, सामाजिक भी और सांस्कृतिक भी। जो हों, लेकिन वे सार्वदेशीय और सार्वकालिक हैं। तात्कालिक नहीं। कवि से कोई पूछता कि उसने मिथकों को ही प्रतीक रूप में क्यों चुना, तो जवाब होता- 'यह सीधे-सीधे ढंग से भी कहा जा सकता था। मैं अपनी बात को अधिक सार्थक और सकारात्मक ढंग से अभिव्यक्ति दे सकूं, यह सीधे-सादे ढंग से संभव नहीं था। प्रतीकात्मकता इन कविताओं के लिए एक आवश्यक और महत्वपूर्ण गुण है। मैंने इन मिथकीय चरित्रों को समय और समाज सापेक्ष बनाने की कोशिश की है। मुझसे बहुत पहले से सम्पूर्ण वैदिक और संस्कृत साहित्य मे ऐसे मिथकीय चरित्र हैं, लेकिन मेरे और इतर मिथकीय चरित्रों में जो मूल अंतर है, वह सार्वकालिकता, सार्वदेशिकता और सार्वविषयिकता है, तात्कालिकता नहीं।'

इस संग्रह में 'महाभारत का जन्म', 'प्रमथ्यु : एक विकेंद्रित आग', 'सिंधु, मैं और शक्ति-संतुलन', 'नागयज्ञ और मैं', 'कर्ण : एक नीति परिदृश्य' ऐसी ही रचनाएं हैं। मिथकीय प्रतीकों की रचनाओं में कवि-मन बार-बार वर्तमान संदर्भों पर कुशलता से विचार करता दिखायी देता है। कहीं वह महाभारत के जन्म के कारणों की खोज करते हुए उसे वर्तमान परिस्थितियों की जटिलताओं से संबद्ध कर समझना चाहते हैं। उनका कहना है-

'सत्ता जब धृतराष्ट्रों के हाथों में होती है
तो
सत्ता की गोटियां
शकुनियों के हाथों से ही बिछती हैं
वे धृतराष्ट्र चाहे आंखों के अंधे हों
या अक्ल के
उनसे न्याय की उपेक्षा कभी नहीं की जा सकती...'

प्रमथ्यु से एकदम सीधा संवाद करता है कवि। उसे किसी भी चीज़ पर किसी का एकाधिकार मान्य नहीं है। उसे यह मान्य नहीं कि मनुष्य अपनी जरूरत पूरी करने के लिए देवताओं की कृपा-दृष्टि का साधन बने। उसके शब्दों में चुनौती भी है और चेतावनी भी-

'सुनो देवताओ, सुनो
आग की ज़रूरत सिर्फ तुम्हें ही नहीं
हम मानवों को भी है
शायद तुमसे भी ज्यादा
हम आग पर
तुम्हारा एकाधिकार नहीं रहने देंगे।'

उसकी कामना रहती है कि वह कर्ण को नये समय में परिभाषित करे। उसे देखे एक नीति परिदृश्य में। बताए कि कवच-कुंडल पहनकर पैदा होना कोई सुरक्षा की गारंटी नहीं। देखिए-

'हम सुरक्षित नहीं हैं
भले ही
कवच-कुंडल पहनकर पैदा हुए हों...'

अवधनारायण की इन रचनाओं में व्यक्ति से समाज तक का सच कई रूपों में सामने आता है। 'नागयज्ञ और मैं' ऐसी ही रचना है-

'मैं
नागों की भीड़ में
यज्ञ के सारे मंत्र भूल गया हूं
तिल भर जगह नहीं
जहां मैं अपना हवनकुंड स्थापित कर लूं...'

कवि की चेतना में मनुष्य की सामर्थ्य के आगे प्रकृति का विराट रूप कोई अर्थ नहीं रखता। यदि मनुष्य में संलग्नता और दृढ़ निश्चय है तो वह प्रकृति के दंभ को चूर-चूर कर सकता है। 'सिंधु, मैं और शक्ति संतुलन' जैसी रचना में यह बात पूरे वेग के साथ सामने हो आती है-

'सिंधु
माना कि महाविनाश
तुम्हारी गर्वित महाप्रलय का खिलौना है
लेकिन
फिर भी वह
मेरी विराट शक्ति के आगे बौना है...'

समकालीन रचना परिवेश से प्रभावित होकर कविता-रचना प्रारंभ करने वाला यह रचनाकार वैयक्तिक अनुभवों की भूमि पर काम करता रहा। इनमें भी उसके मुक्तक बड़े भावपूर्व और गहराई लिए हैं-

'मैं किसी पर भार बनकर क्यों रहूं,
किसी पर अधिकार बनकर क्यों रहूं।
जब न कोई प्यार मुझको दे सका,
मैं भला प्रतिकार बनकर क्यों रहूं।'

यह कोरी भावुकता नहीं, जीवन-अनुभवों से मिले परिणामों पर एक निर्णायक टीप है। वैयक्तिक कविताओं में अवधनारायण मुद्गल वक़्त के मिजाज, मनुष्य के बुत बन जाने के एहसास, बेटी-दामाद की दुर्घटना में मृत्यु का आत्मपीड़न, उससे उत्पन्न हुई मानसिकता का व्यामोह, आत्ममंथन और आत्मसंघर्ष सामने रखते हैं। इस दृष्टि से- 'हमें क्या पता था', 'खोया हुआ एहसास', 'कभी-कभी ऐसा होता है...', 'टुकड़े-टुकड़े यादें', 'अंधों की बस्ती और मैं', तथा 'मुद्राएं' सरीखी रचनाएं उल्लेखनीय हैं। यहां भीतर की खामोशी अतीत की स्मृतियों के साथ मुखर होती है। निश्चित रूप से इनमें इसी रचनाकार के प्रारंभिक गीतों-सी भावुकता कतई नहीं है।

अलग-अलग जगहों पर लिखी गई कविताओं में कवि ने अलग-अलग समय को विविध विषयों के माध्यम से दिखाया है। ये रचनाएं मदुरै, तिरुअनंतपुरम्, शिलांग, शिमला, मुंबई, दिल्ली, लखनऊ, मॉरीशस, बगदाद आदि में लिखी गईं। यह अच्छी बात है कि इनमें बाहर से कहीं अधिक कवि का भीतर का संसार आया है।

अवधनारायण मुद्गल ने अधिकांश नव्यगीत लिखे थे अपने लखनऊ प्रवास में। तब वह ठाकुर प्रसाद सिंह के गीतों के प्रभाव में प्रवाहित हो रहे थे। कवि की मान्यता है कि नव्यगीत के वह प्रथम रचनाकार हैं। ये गीत आकार में बहुत बड़े नहीं हैं। कवि का मानना है कि ये आकार में जितने लघु होंगे, उतना ठीक होगा। इनका प्रणयन एक समय-विशेष के बाद कवि ने नहीं किया। इनसे बाहर निकलकर जब अवधनारायण जी मुक्तछंद की दुनिया में आते हैं, तब उनकी कविता में एक कथा साथ-साथ चलने लगती है। ये रचनाएं कहीं अधिक यथार्थवादी और प्रभावशाली हैं।

इनमें 'इतिहास की भूल-भुलैया', 'टूटती आवाजें', 'धुएं का शहर', 'ट्रैफिक लाइट, लैम्पपोस्ट और मैं' तथा 'बीता हुआ शोर' प्रमुख हैं।

यह देखना बहुत विरल किस्म का अनुभव है कि ग़ज़ल की रचना करते इस कवि का मिजाज और भाषा बिलकुल बदल जाती है। वह ठोस ज़मीन पर पांव टिकाता, अपने संघर्षों के अनुभव की आलोचना सम्यक अंदाज़ में करता है। व्यक्ति से समाज तक सब उसकी आलोचना और विचार के अंतर्गत आ जाता

है। तेजी से बदलता समय, जीवन पर पड़ता उसका प्रभाव और एक नवीन समाज की निर्मिति के बीच के अनेक पड़ाव इन ग़ज़लों में चिन्हित होते दिखते हैं। यहां पर्यावरण, जीव-जंतु, प्रदूषण, कठोरता, एकरसता, अंधविश्वासों से वैचारिक संघर्ष, मुखौटे वाली दुनिया और करवट लेता समय इनमें अनावृत्त होता है।

पाठकों के लिए इन रचनाओं को एक साथ पढ़ना इसलिए रुचिकर होगा कि ये एक तरह से आपने समय का रचनात्मक इतिहास भी प्रस्तुत करती हैं।

अनुक्रम

महाभारत का जन्म	21
सिंधु, मैं और शक्ति-संतुलन	28
नाग यज्ञ और मैं	30
कर्ण : एक नीति परिदृश्य	32
वक़्त	35
एक एहसास ठंडा-सा	40
हमें क्या पता था...	42
खोया हुआ एहसास	48
कभी-कभी ऐसा होता है...	52
टुकड़े-टुकड़े यादें	57
एक खिलौना घर में	63
मौसम	66
अच्छा लगता है	68
अंधों की बस्ती और मैं	70
निष्कर्ष : मेरी अहं यात्रा	72
मुद्राएँ	73
हम आदमी नहीं हैं	75
न जाने क्यों?	80
जहाँ-जहाँ अँधेरा है	82
नव वर्ष	83
एक ख़त गुमशुदा बेटी के नाम	85
सन्नाटे का प्रेत	90
भैंसा	92

मुक्तक	95
जीवन का कारवां	102
जीवन का बिरवा	103
एक शुभचिंतक	104
एक मुक्तक	105
हाट	106
इनसे मिलिये	108
मरघट की आवाज़	111
शायद तुम रो रहे थे	115
नया वर्ष	117
विवशता	118
ज्ञानोदय	119
भय और साहस	121
तूफान	122
भाव तुम्हारे!	123
पैगाम	124
जीत	125
दीप जलाओ	126
गीत : एक	127
गीत : दो	129
रूप और प्रेम	130
तथाकथित भक्ति और भगवान	131
विश्व प्रेम	132
आशा और विश्वास	133
अब जीवन का प्रह्लाद न जलने पायेगा	134
चेतना का प्रतीक	140
मैं शून्य हूं	142
अंधे को कुछ मिल जाये बाबा	144
मुझे पड़ा रहने दो	147
पहली अप्रैल	148

अतीत	150
असूर्यम्पश्या	154
पीड़ा का वृक्ष	159
रोशनी का देश	162
अहम्	163
मेरा छंद : मेरा गीत	166
सत्यम्, शिवम्, सुन्दरम्	167
एक अनुभूति : एक वितृष्णा	169
मिल गया : मिल गया	172
नये सिरे से नयी ज़िंदगी	173
मामेकं शरणं व्रज	175
फुर्सत नहीं- एक समस्या	178
इतिहास की भूल-भुलैया	180
हम : आकृतियों के शीतोष्ण टकराव	183
लगता है	184
मछुओं की बस्ती : तीन दृश्य	185
जन्मदिन	187
रात : समुद्र में डूबी हुई रोशनियाँ और मैं	189
जहाँ मैं हूँ	190
खंडित व्यक्तित्व का समर्पण	191
दफ़्तर, कुर्सी और मैं	192
बीता हुआ शोर	193
जब भी मैं	194
टूटती आवाज़ें	195
धुएँ का शहर	197
ट्रैफिक लाइट, लैंपपोस्ट और मैं	200
साँझ, रात और सुबह की धूप	202
बारह ग़ज़लें	205

अवधनारायण मुद्गल

की

कविताओं का संग्रह

किवाड़ों पर थाप

सम्पादक : महेश दर्पण

महाभारत का जन्म

सत्ता जब धृतराष्ट्रों के हाथों में होती है
तो
सत्ता की गोटियां
शकुनियों के हाथों में ही बिछती हैं
वे धृतराष्ट्र चाहे आंखों के अंधे हों
या
अक्ल के
उनसे न्याय की अपेक्षा कभी नहीं की जा सकती
वे रेवड़ियां बार-बार अपनों में ही बांटते हैं
और
सत्ता के योग्य
सही तथा वास्तविक अधिकारियों को
कोरे आश्वासन या छल थमा देते हैं।

ऐसे आश्वासन या छल
सही, सच्चे और योग्य लोगों की
ऊर्जा को कम नहीं करते
जब कभी दमित ऊर्जा का
विस्फोट होता है
तो महाभारत का ही जन्म होता है

और तब कोई भी भीष्म
कोई भी द्रोणाचार्य
कोई भी दुर्योधन,
दुश्शासन, शकुनि, कर्ण
अथवा कोई भी हिमायती
या किसी भी विशाल सेना का गर्व
और
उस सेना की विजय का विश्वास
ऊर्जा के उस विस्फोट में जलकर क्षार हो जाता है।
धृतराष्ट्रों की सत्ता का अंत
ऐसे ही हुआ करता है।

धृतराष्ट्र अविश्वसनियों
और
मृदु तथा कर्णप्रिय बोलने वाले
धूर्त, छली, स्वार्थी, अशक्त चापलूसों का
विश्वास करते हैं
एवं सच्चे शुभचिंतकों,
सही सलाह देने वाले
तथा सशक्त, निःस्वार्थ विश्वसनियों की उपेक्षा।

धृतराष्ट्रों को उन निःस्वार्थ
लेकिन
सशक्त शुभचिंतकों
और
विश्वसनियों द्वारा
सत्ता के छीन लिए जाने का हमेशा भय लगा रहता है।
उनका सत्ता-लोभ, पुत्र-मोह एवं यह सोच
कि
सही, योग्य तथा वास्तविक उत्तराधिकारी चाहे जो हो
लेकिन सत्ता का उत्तराधिकार
अपनी संतान को ही मिलना चाहिए

चाहे वह संतान कैसी भी हो
आख़िर
संतान पिता के आत्मा का प्रतिरूप ही तो होती है।

सत्ताधीश का संतान-मोह
उस संतान को
हठी, स्वेच्छाचारी, अय्याश
और दुरभिसंधि-पटु बना देता है
उसके इन अवगुणों की आँच को हवा देता है
शकुनियों, दुश्शासनों, कर्णों
चापलूस मंत्रियों
तथा स्वार्थी सभासदों की भीड़
इन्हीं के कारण
वह निर्वीर्य संतान मिथ्या गर्व से फूल जाती है
पिता के सामने उनकी गर्वोक्तियाँ
पिता के मन में अपनी संतान की योग्यता
और
क्षमता का प्रमाण मात्र बनकर चिपक जाती हैं
ऐसी ही स्थिति
सत्ता और सत्ताधीशों के लिए घातक होती है
और अगर
वह सत्ता अंधे धृतराष्ट्रों के हाथों में हो
तो
और भी अधिक घातक
वहाँ शकुनियों का छल-कपट भी काम नहीं आता
युद्ध में विजय का पूर्ण विश्वास भी
रेत का क़िला साबित होता है।

जैसे वात, पित्त, कफ़ तीनों मिलते हैं
तो
सन्निपात पैदा करते हैं
वैसे ही

हाँ, ठीक वैसे ही
सत्ता का लोभ
संतान का मोह
और
संतान के उत्तराधिकार की चिंता
ये तीनों मिलते हैं
तो
अच्छी-भली आँखों वालों में भी
सत्ता-सन्निपात के लक्षण उभरते हैं
तब
हर बार शकुनी मंच पर उभरते हैं
छल-कपट की दवा देकर
रोग को और बढ़ाते हैं
न जाने
कैसे-कैसे पाठ पढ़ाते हैं।

जब सत्ता धृतराष्ट्रों के हाथों में होती है
तो
सत्ता की गोटियाँ
शकुनियों के ही हाथों से बिछती हैं।

प्रमथ्यु : एक विकेंद्रित आग

सुनो देवताओ, सुनो
आग की जरूरत सिर्फ़ तुम्हें ही नहीं
हम मानवों को भी है
शायद तुमसे भी ज़्यादा
हम आग पर
तुम्हारा एकाधिकार नहीं रहने देंगे।
हर उस चीज़ पर
जो हमारे लिए ज़रूरत है
तुम एकाधिकार जमाकर बैठ जाते हो
ताकि हम
हमेशा तुम्हारे मुहताज बने रहें
अपने हर दु:ख-दर्द में
तुम्हें पुकारते रहें
हमारे हाथ
हमेशा तुम्हारी ओर उठे रहें
भीख माँगने की मुद्रा में
भीख
फिर चाहे वह किसी जिन्स की हो
या किसी मुक्ति की
या कृपा की
कृपा
जिसे तुम एक मंद स्मित के साथ
आत्मतुष्टि के लिए
सशर्त हमारी ओर फेंक देते हो
तुम्हारा एकाधिकार तोड़े बिना

न तुम्हारी कृपा-मुद्रा टूटेगी
और न हमारी भीख-मुद्रा
हम अपनी ज़रूरत को
तुम्हारी कृपा-तुष्टि का साधन नहीं बनने देंगे।

सुनो देवताओ, सुनो
आग तुम्हारे लिए अय्याशी है
और हमारे लिए ज़रूरत
तुम
मेरी जान लेकर भी
उस आग को नहीं पा सकते
जिसको मैंने
समस्त मानव समुदाय के हित के लिए
तुम्हारे सुरक्षित केंद्र से चुराया है
तुम्हारी केंद्रीयकृत आग से
हमारी विकेंद्रीयकृत आग ज्यादा सुरक्षित है
अब तुम उसे
हमसे नहीं छीन सकते
हम आग पर
तुम्हारा एकाधिकार नहीं रहने देंगे।

सुनो देवताओ, सुनो
अब वह आग
सिर्फ़ तुम्हारी ही नहीं है
हमारी भी है
तुमसे कहीं ज़्यादा
तुमसे कहीं ज़रूरी
मैंने इसे सुरक्षा के नाम पर
किसी एक जगह क़ैद नहीं किया
हर जगह बाँट दिया है
धरती के ऊपर
धरती के गर्भ में

पेड़-पौधों-वनस्पतियों में
आदमी के प्राणों में
शरीर के हर हिस्से में
सिर, आँख, नाक, कान और मुँह से लेकर
हाथ, हृदय, पेट, जंघा और पैर के तलवों तक
विशेष रूप से
औरत के गर्भ में
एक नई आग पैदा करने के लिए।

सुनो देवताओ
सुनो
अब तुम कहाँ-कहाँ से आग चुनोगे
कहाँ-कहाँ बुझाओगे
इसके लिए तुम्हें
सारी सृष्टि को ही नष्ट करना होगा
और आत्म-तुष्टि पर जीने वाले तुम
ऐसा कभी नहीं कर सकते
क्योंकि हमीं से
तुम्हारी आत्म-तुष्टि की सुरक्षा है।

सुनो देवताओ
सुनो।

सिंधु, मैं और शक्ति-संतुलन

सिंधु,
तुम्हारी निस्सीमता के अहम् को
पिया था
मेरे एक पूर्व पुरुष ने।
तुम्हारे दुर्लंघ्य होने के वहम को
तोड़ा था
मेरे ही एक और पूर्व पुरुष ने
बलात् छीन लिये थे
तुम्हारे समस्त अमूल्य रत्न
मेरे ही कुछ पूर्व पुरुषों ने
तुम्हारे-

अथाह होने के मिथ्या दंभ को मथकर
और तुम चुपचाप देखते रहे थे
अपनी प्रचंड सामर्थ्य का
अपनी ही लहरों के
असहाय गर्जन में विखंडित होना।

सिंधु,
माना कि महाविनाश
तुम्हारी गर्वित महाप्रलय का खिलौना है
लेकिन
फिर भी वह
मेरी विराट शक्ति के आगे बौना है।
मेरा सद्य पुरुष

आज भी
तुम्हारी असीमता को कण-कण बीन रहा है।
तुम्हारी अथाह कही जाने वाली
गहराइयों को
किसी सामान्य पोखर के पानी की तरह खँगालकर
तुम्हारी
समस्त संपदाओं को
बलात् छीन रहा है।
और तुम
आज भी चुपचाप देख रहे हो
क्योंकि
यह विवश देखते रहना ही तुम्हारी नियति है।

सिंधु,
तुम देख चुके हो
अपनी गर्वित शक्ति का संतुलन बिगाड़कर
मेरे दुस्सह आवेग की अप्रतिहत गति
तुम्हारी अलंघ्य असीमता पर क़हक़हे लगाए हैं
मेरे छोटे-छोटे ज़हाजों ने
तुम्हारी अथाह गहराई को
चुल्लू भर पानी की तरह निगल लिया है
मेरी छोटी-सी पनडुब्बी ने।
तुम नहीं जानते
कि अगर कभी ग़लती से भी
मेरी अर्जित विराट शक्ति का संतुलन बिगड़ गया
तो तुम्हारा क्या होगा?
शायद तब
एक बूंद पानी के लिए भी तरसोगे
ख़ुद ही
ज़हरबुझा लावा बनकर
ख़ुद पर ही बरसोगे।

नाग यज्ञ और मैं

मैं
नागों की भीड़ में
यज्ञ के सारे मंत्र भूल गया हूँ
तिल भर जगह नहीं
जहाँ मैं
अपना हवनकुंड स्थापित कर लूँ।

ये तमाम चेहरे
अपनी अलग-अलग पहचान खो बैठे हैं
बड़ा मुश्किल है पहचानना
कि इनमें
कौन-सा चेहरा तक्षक का है
वह तक्षक
जिसने मेरे पिता
पिता के पिता
और
पिता के पिता के पिता को डसा था
जो मुझे डसकर
मेरी आने वाली संतानों की ओर
फन फैलाए बैठा है
मेरी ओर आने वाला हर रास्ता
इनकी चमकीली आँखों में समा गया है।
मेरे सारे ब्रह्मा
सारे ऋत्विक
इनकी मजबूत जकड़ में छटपटा रहे हैं

और मैं
यज्ञ के सारे मंत्र भूल गया हूँ।

इंद्र ने भूल की है
किसी तक्षक को शरण देकर
उसे अपने सिंहासन के पाये से लपेटकर
आज सभी इंद्रासन
तक्षकों की लपेट में हैं
इनके दंश से ज़हर बुझे
इनके
सामूहिक बोझ से भारी
मैं सोच रहा हूँ
वह कौन-सा मंत्र है
जो तमाम इंद्रों को,
इंद्रासनों को
और
इन इंद्रासनों से लिपटे तक्षकों को
अपनी संपूर्ण शक्तिमत्ता के साथ
खींचकर
मेरे किसी भी हवन कुंड में गिरा दे।

लेकिन वह हवन कुंड मैं कहाँ बनाऊँ
मैं
नागों की भीड़ में
यज्ञ के सारे मंत्र भूल गया हूँ।

कर्ण : एक नीति परिदृश्य

हम सुरक्षित नहीं हैं
भले ही
कवच-कुंडल पहनकर पैदा हुए हों
कवच-कुंडल पहनकर पैदा होना
सुरक्षा की गारंटी नहीं।

जब भी किसी रथ का पहिया
ज़मीन में धँसने लगता है
हर रथी की सुरक्षा
अपने आप ख़तरे में पड़ जाती है
चाहे वह धँसना
किसी सताए हुए के शाप से हो,
या
किसी दुष्ट और हठी
दुर्योधन के संग-जनित पाप से
अथवा अपने आप से।
महत्त्वपूर्ण कवच-कुंडल नहीं
किसी भी रथ-चक्र का ज़मीन द्वारा
निगला जाना है।

कवच-कुंडल पहनकर पैदा होना
सुरक्षा की गारंटी नहीं।

किसी भी बाह्य इंद्र-सत्ता द्वारा प्रदत्त शक्ति
विजय का आश्वासन भले ही दे

परिणाम नहीं देती
विजय का परिणाम
अपने समूचे रथ की
अक्षत सुरक्षा ही दे सकती है।
युद्धक्षेत्र में
जमीन द्वारा निगले
रथ-चक्र को निकालने के लिए निहत्थे होना
और
शस्त्र रख देना
या समर्पण कर देना
अलग-अलग बातें भले हों
लेकिन उनका परिणाम एक ही है-
पराजय
चाहे वह मरने से पहले की हो
या
मरने के बाद की
उससे क्या फ़र्क़ पड़ता है?

कवच-कुंडल पहनकर पैदा होना
सुरक्षा की गारंटी नहीं।

किसी भी ज़रूरतमंद को
दान देना अच्छा हो सकता है
लेकिन किसी इंद्र को नहीं
इंद्र
ज़रूरतमंद नहीं होते
स्वार्थी होते हैं
और स्वार्थी राजनीति के रथ का चक्र
किसी ज़मीन में नहीं धँस सकता
क्योंकि
उसके नीचे कोई ज़मीन नहीं होती
धँसने का डर

सिर्फ़ उसी चक्र को होता है
जिसके नीचे ज़मीन हो
और ज़मीन
यदि वह युद्ध की है
तो धोखा भी दे सकती है।
ज़रूरी है
कि हम उस ज़मीन को याद रखें
परखें-पहचानें
जहाँ हमारा रथ खड़ा है।
और समझें
समूचे रथ की सुरक्षा ही
हमारी सुरक्षा है

कवच-कुंडल पहनकर पैदा होना
सुरक्षा की गारंटी नहीं।

वक़्त

सुना है
कुछ सयाने
लोगों से
'वक़्त बहुत ताक़तवर होता है'
कोई नहीं लगा सकता
उसकी ताक़त का अंदाज़।

वक़्त रंग बदलता है
वक़्त रूप बदलता है
वह
कभी एकरूप नहीं रहता
कभी कुछ नहीं कहता
वक़्त
चुपचाप आता है
और
सब कुछ उलट-पलटकर चला जाता है।

वक़्त
स्वयं कुछ नहीं कहता
स्वयं कुछ नहीं खाता
सिर्फ़ खिलाता है
कभी
पटखनियाँ
कभी मिर्च-धनियाँ
जो किसी भी बाज़ार में नहीं मिलती

कभी
किसी बगीचे में नहीं हिलती
वक़्त
चुपचाप आता है
और
सब कुछ उलट-पलटकर चला जाता है।

वक़्त
कभी खिलखिलाकर हँसता है
लेकिन
उसकी खिलखिलाहट किसी को सुनाई नहीं देती
कभी
किसी का कुछ नहीं लेती
और
जब लेती है
तो पता भी नहीं चलता।
गुज़र जाता है चुपचाप
बड़े-बड़े शातिरों
भलेमानसों को
बड़े-बड़े बलवानों को छलता
वक़्त चुपचाप आता है
और
सब कुछ उलट-पलटकर चला जाता है।

वक़्त
कभी नहीं सोता
सिर्फ़ करवटें बदलता है
और
उसकी ये करवटें ही
बड़ी ख़तरनाक होती हैं
ख़ौफ़ सँजोती हैं
किसी को हँसाता है

किसी को रुलाता है
न कुछ खाता है
न खिलाता है
सिर्फ़ हँसता है
हँसाता है
रोता है
रुलाता है
और
चुपचाप बहुत कुछ कर गुज़रता है
कहते हैं
'वक़्त की लाठी में आवाज़ नहीं होती'
जब भी
किसी पर पड़ती है
कमर भी सीधी नहीं होती
सब कुछ टूट जाता है
जो
साबुत है
फूट जाता है
वक़्त
चुपचाप आता है
और
सब कुछ उलट-पलटकर चला जाता है।

ऐसा ही ख़ौफ़नाक वक़्त
एक रात
मेरे परिवार पर भी आया
हालाँकि
सब जाग रहे थे
फिर भी अनहोनी
अनजान बेहोशी में
सभी को सोता ही पाया
सभी हँस रहे थे

खिलखिला रहे थे
लेकिन वक़्त
उस रात सभी को रुला गया।

पीणा साँप की तरह चुपचाप
सबकी साँसें पीकर
पूँछ मारकर जगा गया
सच
उस रात से सारा घर श्मशान बन गया
छत की जगह
कफ़न-सा कुछ तन गया
चारों ओर चीख़ों की ख़ामोशी
जागते हुए भी
एक न ख़त्म होने वाली बेहोशी
घर से अस्पताल तक
कभी न मिलने वाले जवाब से
कभी न ख़त्म होने वाले सवाल तक
सचमुच
वक़्त
चुपचाप आता है
और
सब कुछ उलट-पलटकर चला जाता है।

आँसू
जो उस रात बहे थे
अभी तक बह रहे हैं
कष्ट के जो क्षण
उस रात सहे थे
अभी तक सह रहे हैं
मगर अब
सब कुछ सामान्य-सा ल़गता है
लेकिन

इस सोए हुए सामान्य के पीछे
एक ख़ौफ़नाक तूफ़ान जगता है
पता नहीं वह तूफ़ान
कब हरा जाए
पता नहीं कब
वे जमे-थमे आँसू
मूसलाधार बरसात में तब्दील हो जाएँ

और
घटाटोप घहरा जाए
पता नहीं इन आँसुओं
और
घटाटोप में संबंध क्या है
पता नहीं इनकी ख़ामोशी
और
हराते शोर में अनुबंध क्या है
हाँ
वक़्त
चुपचाप आता है
और
सब कुछ उलट-पलटकर चला जाता है।

एक एहसास ठंडा-सा

ख़ूबसूरती से तराशी हुई
एक बर्फ़ की शिला मेरे सामने पड़ी है
मेरे होंठ
उसके माथे से चिपककर रह गए हैं
नीले हो गए हैं
और अब शायद काले पड़ने लगे हैं
शायद जल भी जाएँ
तभी कोई
मुझे कंधों से पकड़कर
पीछे खींच लेता है
कुछ कहता भी है
मुझे नहीं पता वह कौन है?
क्या कह रहा है?
शायद मैं भी
बर्फ़ की एक तराशी हुई शिला में तब्दील हो गया हूँ
एक बुत की तरह बैठा हूँ
पता नहीं कहाँ देख रहा हूँ
क्या देख रहा हूँ?
मेरा बर्फ़ का वजूद पिघलने लगा है
लगातार बहने लगा है
आँखों के परनालों से
लेकिन मुझे कुछ पता नहीं
अचानक मुझे एहसास होता है
कि मैं
डरे, सहमे, ज़ार-ज़ार रोते

बर्फ़ के ठंडे,
अनगिनत बुतों से घिरा बैठा हूँ
मेरे चारों ओर दूर-दूर तक
गहरा, डरावना सन्नाटा फैला है
मैं सिहर उठता हूँ
शायद पसीने-पसीने भी हो जाता हूँ
लेकिन तभी मुझे लगता है
कि मेरा सारा वजूद उस पसीने से चिपक गया है
और उसे
एक ठंडे-से एहसास ने जकड़कर
अपंग बना दिया है
मन में आ रहा है
मैं उठकर कहीं भाग जाऊँ
उस बुतों के घेरे से दूर
पता नहीं कहाँ!

हमें क्या पता था...

तुमने लिखा था
अपनी डायरी के एक पन्ने पर
अंग्रेज़ी कविता के रूप में
अपने जाने से कुछ दिन पहले
तुम्हें डायरी लिखने का बहुत शौक़ था
तुम्हारी डायरी
रोज़मर्रा के क्रिया-कलाप की
फ़ेहरिश्त नहीं होती थी
अंग्रेज़ी कविता के रूप में
किसी अजानी अनघा के नाम
एक ख़ूबसूरत अनुभूति होती थी
ख़तों के रूप में
तो
उस दिन भी
ऐसी ही काव्यमय अनुभूति थी
जो हमें
तुम्हारे जाने के
काफ़ी दिनों बाद पढ़ने को मिली थी
जब हम
तुम्हारी डायरियाँ ढूँढ़ रहे थे
तब अचानक
तुम्हारी डायरी का वह पन्ना मिला था।
लिखा था-
'अनघा, देखो कहीं एक भयानक भूचाल आया है
ज़मीन फट गई है

सैकड़ों मकान उसमें धँस रहे हैं
आदमी-औरतें-बच्चे-जानवर
उसमें धँसते जा रहे हैं।
आदमी आदमी को बचाने की कोशिश कर रहे हैं
औरतों,
बच्चों
और
जानवरों को बचाने की कोशिश कर रहे हैं
कुचले
दबे
क्षत-विक्षत शव निकाल रहे हैं
और
इसी में भोर हो गई है
एक उदास भोर
रोती, सिसकती, चीख़ती-सी भोर...'
और ठीक
तुम्हारे जाने के कुछ दिन बाद
महाराष्ट्र में ऐसा ही भयानक भूचाल आया था
जो
महाराष्ट्र से
अस्पताल होता हुआ
मेरे घर तक पहुँच गया था
मेरे घर से लेकर महाराष्ट्र तक
रोती-सिसकती चीख़ें सुनाई दे रही हैं
किसी को किसी का होश नहीं
यह भी एहसास नहीं
कि
कौन आया, कौन गया
किसने
हमारे आँसुओं में अपने आँसू मिलाए
कौन
सांत्वना के दो बोल बोला

हमारे कंधों पर हाथ रखा
और हाथ जोड़कर चला गया
अख़बारों ने क्या छापा
क्या नहीं
कितना सही छापा
कितना ग़लत
हमें क्या पता था...

तुम अब भी
हमारे साथ हो
सिर्फ़ हमारी यादों में ही नहीं
हमारे शरीर के पोर-पोर में
हमारी नींद में
हमारी जगार में
हमारे एहसासों में
यह भूतकाल की बात है
आज की बात है
कल की बात है
आने वाले सभी कलों की बात है
वह भूचाल पूरे घर में अब भी पसरा पड़ा है
शायद उसके दोनों पैर टूट गए हैं
अब वह कभी
कहीं नहीं जाएगा
एक भूखे राक्षस की तरह
अपने ख़ौफनाक जबड़े फैलाकर
हममें से रोज़
किसी न किसी को खाएगा
डराएगा
धमकाएगा
या
कहीं भगाएगा-
तुम्हारा भाई तो

इस ख़ौफ़नाक मंजर को देख भी नहीं सका
वह
घबराकर
यह शहर छोड़कर
मुंबई चला गया
पता नहीं
वह ग़लत गया
या
भला गया
और भी छला गया
हमारे जीवित रहते
कभी ऐसा भी हो जाएगा
हमें पता नहीं था...

तुम्हारा
अपनी आकर्षक आँखों को और फैलाकर
होंठों को किंचित् खोलकर
तिरछे करके
गर्दन सीधी करके
गर्व और पूरे आत्मविश्वास के साथ बोलना
भयानक से भयानक परिस्थिति से
जूझ पड़ने के लिये
तुरंत निर्णय लेना
अब इस घर में कहाँ दिखायी देगा
शायद
वह सब कहीं खो गया है
या
सर्दी की रात में
मुँह तक रज़ाई ओढ़कर
गहरी नींद सो गया है।
तुमसे लिपटकर गहरी नींद सोई
सर्दियों की इस काली

डरावनी रात की आँख न जाने कब
कहाँ जाकर खुलेगी
या शायद
हमेशा के लिए
हमारी आँखों ही धुलेगी-मिलेगी।
क्या ऐसा ही होगा
हमें क्या पता था...

तुमने
अपनी वे बड़ी-बड़ी
कानों तक फैली कमल-कली जैसी आँखें
दान कर दी थीं
जब तुम
अस्पताल से बाहर निकलीं
तो डॉक्टरों ने
जस की तस करने के लिए
वे रुई से भर दी थीं
हम डॉक्टरों के सामने
रोए थे, गिड़गिड़ाए थे
और पूछा था
कि
वे आँखें अब किसे रोशन करेंगी
डॉक्टरों ने समझाया था
इसे कोई नहीं बता सकता
वैसे भी
यह डॉक्टरी की आचारसंहिता के ख़िलाफ़ है।
पता नहीं
नेत्रदान का यह गोपन
पुण्य है
या
पाप है
वास्तव में हम

दान प्राप्तकर्ता की
अंधी आँखों को रोशनी से भरती
उसकी आँखों को देखना चाहते थे
और
उसी को देखने का सुख पाना चाहते थे
लेकिन
ऐसा कभी संभव नहीं हो सकेगा
हमें क्या पता था...

खोया हुआ एहसास

मैंने देखा है
जाना है
महसूस करता रहा हूँ
कि
दिन-रात घटते-बढ़ते रहते हैं
मौसम
बदलते रहते हैं
लेकिन
पिछले तीन वर्षों से
(शायद
22 सितंबर, 1993 से)
सब कुछ जहाँ था
वहीं ठहर गया है
ऐसा सचमुच हुआ है
या
मुझे ही लगता है।
शायद
यह व्यतिक्रम
वह
पहले जैसा एहसास
मेरा ही बिगड़ गया है
शायद यह सब
मेरी बेटी
बग़ैर बताए
चुपचाप

अपने साथ लेती गई है।
लोग कहते हैं
कि
मेरे पड़ोस में
दूर-दराज सब जगह
दिन-रात उसी तरह घटते-बढ़ते हैं
लेकिन मेरे घर में ही
ऐसा क्यों होने लगा है?
कहीं यह मेरे मन का वहम तो नहीं?
नहीं
सचमुच मेरे घर में
सब कुछ वैसा ही ठहरा है
जैसा मुझे लग रहा है।
शायद
दिन-रात
और
मौसम का यह ठहराव
अच्छा तो नहीं होता
लेकिन
बरसात
मैंने ख़ुद अपनी आँखों से देखी है
सिर्फ़ मेरे घर में ही होती है
घर के अंदर
बाहर कहीं नहीं
यह सब कैसे होता है
क्यों होता है
मैं नहीं समझ पाता
और शायद
घर के अंदर की अपेक्षा
घरवालों के अंदर सबसे ज़्यादा
मैंने पढ़ा और सुना है
कान्हा के चले जाने के बाद

सूरदास ने देखा था
ब्रजवासियों के अंदर
बहते पनालों को
शायद वहाँ भी
दिन-रात बरसात ही रहती थी
और सब ऋतुएँ ठहर गई थीं
ऐसा अजूबा कहीं-कहीं
किसी-किसी के साथ क्यों होता है?
मैं अभी तक नहीं जान पाया
लेकिन
अनुभव रोज़ करता हूँ।
शायद ऐसा अजूबा
कहीं-कहीं
कभी-कभी
किसी-किसी के साथ ही होता है!

कदाचित्
हमें भरी सर्दियों में पसीने छूटते हैं
भयंकर गर्मियों की दोपहरियों में भी
हम ठंड से
सिकुड़ने
ठिठुरने लगते हैं
लेकिन
रात-दिन की इस बरसात के
हम अभ्यस्त हो गए हैं
शायद मौसम का यह व्यतिक्रम
हमारे भीतर
कहीं गहरे छुपी
अंतश्चेतना का ही व्यतिक्रम हो
हम नहीं जानते।
हम सिर्फ़ यही जानते हैं
कि

ऐसा हो रहा है
और शायद
तभी से हो रहा है
जब से हम सबकी दुलारी बेटी
हमें बग़ैर बताए
कहीं चली गई है

हम उसे कहाँ ढूँढ़ें
जिससे
प्रकृति का व्यतिक्रम टूटे
सब कुछ सामान्य हो
और
हमारे घर में भी
दिन-रात का घटना-बढ़ना
मौसम का बदलना
प्रारंभ हो जाए।
लेकिन
ऐसा कब होगा
कैसे होगा
मैं नहीं जानता
नहीं जानता।

कभी-कभी ऐसा होता है...

कभी-कभी ऐसा होता है
कि
हम जो सोचते हैं
वैसा नहीं होता
कुछ और हो जाता है
हम
जो देखना चाहते हैं
वह नहीं देख पाते
कुछ और ही देखने के लिए मजबूर हो जाते हैं
हम नहीं जानते ऐसा क्यों होता है
लेकिन ऐसा होता है...
यदि सब कुछ हमारे अनुकूल ही होता रहे
तो दुःख किसे कहेंगे
शायद
सुख की अनुभूति में भी नहीं रहेंगे
प्रकृति का यह बदलाव ही
हमें मौसमों का आभास देता है
प्रति क्षण मरते हुए भी
जीते रहने की आस देता है
क्या पता था
कि
हमारी बेटी ही
हमसे अलग होकर
हमें सुख की गहरी नींद से जगा जाएगी
दुःख भी जीवन का एक बड़ा सत्य है

यह रहस्य बता जाएगी
उसने चुपचाप
आँखें और मुँह बंद करके बताया है
और चेताया है
कि हम
अभी तक हँसते रहे हैं
तो
अब कुछ रो लें
शायद
कभी फिर से हँसने के लिए
और शायद
फिर से किसी अंधी खाई में धंसने के लिए
हाँ
कभी-कभी ऐसा होता है...

कहते हैं
दुनिया घूमती है
तो
उसके साथ उस पर होने वाली हर चीज़
हर बात
हर घटना-दुर्घटना भी घूमती होगी
शायद
ऐसा ही होता हो
पता नहीं
लेकिन
इतना पता चल गया है
कि
घटने वाली हर घटना-दुर्घटना
कुछ न कुछ बताती है
कुछ न कुछ समझाती है
जैसे मेरी बेटी ने जाते-जाते भी बताया है
कि

इस घूमती हुई दुनिया में
'मैं फिर मिलूँगी
कहीं न कहीं
किसी न किसी रूप में
शायद
इसी घर में
शायद
किसी और घर में
कभी-कभी ऐसा होता है...

हम किसी न किसी विश्वास में जीते हैं
ओढ़ लेते हैं किसी न किसी नई आशा की चादर
और सो जाते हैं किसी नये भोर के इंतज़ार में
शायद
इतना ही है हमारे अख़्तियार में
हालाँकि यहाँ
सभी सुभीते हैं
लेकिन फिर भी हम
कहीं न कहीं रीते हैं
व्यर्थ ही हँसते हैं, रोते हैं
खाते हैं, पीते हैं
और मन को समझाते हैं
कि ज़िंदा रहने के लिए
यह सब भी ज़रूरी है
लेकिन
साँसों का चलते रहना उससे ज़्यादा ज़रूरी है
हालांकि
कुछ साँसें तो जवान बेटी के साथ चली गईं
जितनी शेष हैं
तब तक तो निश्चित ही जीना है
जीना ही पड़ेगा

और
आदमी की फ़ितरत है
कि वह
जब तक जिएगा
क़िस्मत के ख़िलाफ़ लड़ेगा
इस लड़ाई में जीत होगी या हार
इसे कोई नहीं जानता
लेकिन शायद
इतना तो होगा ही
कि
हमें और पक्का कर दे
जीने के लिए क़िस्मत की मार
कभी-कभी ऐसा होता है...

हम नहीं जानते
कोई नहीं जानता
कि
भविष्य में क्या हो
फिर भी सब
अनजाने भविष्य के
कल्पित सुखों में जीते हैं
सयाने कहते हैं-
'भविष्य की चिंता व्यर्थ है
वर्तमान के सहारे ही
आदमी
अपना भविष्य बनाने में पूरी तरह समर्थ है'
शायद इसीलिए
सयानों के कथन की अंगुली पकड़कर आदमी
घटाटोप अँधेरे के किसी अजाने छोर पर
संभवतः उभरने वाली
रोशनी के लिए जीता है
कदाचित् इसीलिए

मैं भी जी रहा हूँ
दु:खों के बोझ से फटी हुई
पुरानी चादर सी रहा हूँ
शायद
कभी-कभी ऐसा होता है...
आदमी रोते-रोते हँसता है
और
अचानक हँसते-हँसते रोता है
कभी-कभी ऐसा भी होता है...

टुकड़े-टुकड़े यादें

एक छोटे से फ़्लैट की छत पर
पानी से भरी बाल्टी में
बैठी छोटी-सी गुड़िया
हाथ छप-छपा रही है
और
पास बैठी माँ की ओर देखकर
किलकारियाँ भर रही है।
माँ मुग्ध हो रही है

वह गुड़िया
ज़मीन पर बिछे बिस्तर पर
गहरी नींद सो रही है
अचानक
कहीं एक रिकॉर्ड बजने लगता है-
'मेरी प्यारी बहनिया
बनेगी दुल्हनिया
सज के आएँगे दूल्हे राजा
भैया राजा बजाएँगे
बाजा'
वह गुड़िया
सहसा
उठकर खड़ी हो जाती है
और
अपने नन्हें पैरों से थिरकने लगती है
रिकॉर्ड बंद हो जाता है

और
वह गुड़िया
जस की तस
लेटकर
वहीं गहरी नींद सो जाती है।

सिनेमाघर
मुंबई के एक सबर्ब
घाटकोपर और कुर्ला के बीच
एक सिनेमाघर
हम छोटे-बड़े पाँच लोग
वह छोटी गुड़िया
उससे तीन साल बड़ा भाई
मैं
उसकी माँ
और हमारी एक शुभचिंतक
पारिवारिक मित्र
टिकट खिड़की
हम टिकट ले रहे हैं
वह अधीर छोटी गुड़िया
न जाने कब हाथ छुड़ाकर
गुम हो जाती है
भाई रोता-रोता
उसे पुकारता हुआ
पागलों की तरह
उसे ढूँढ़ रहा है
फक् सफ़ेद चेहरे लिये
बदहवास हम तीन
हर तरफ़ भटकते हुए
आँसू बहाते हुए
इधर-उधर भटक रहे हैं
गले रुँधे हुए

एक-दूसरे से मुँह चुराते हुए
बदहवास
भटकते हुए
और
सोचते हुए
आख़िर इतनी-सी देर में कहाँ गई
हम कहाँ जाएँ
क्या पुलिस स्टेशन
या सिनेमाघर में एक चक्कर लगा लें।
तभी उसका भाई
भागता हुआ आया
पता नहीं वह कब
बिना टिकट सिनेमाघर में चला गया था
वह हकलाते हुए बोला-
'बिट्टू
एक आंटी की गोद में बैठी
मज़े से सिनेमा देख रही है।'
हम लोग पागलों की तरह
भागे
जैसे हमें किसी गड़े
ख़ज़ाने का पता लग गया हो
और हम
जल्दी से जल्दी
उसे अधिकार में ले लेना चाहते हों।
हमने जल्दी उसे उन महिला की गोद से
उठाया
और अपनी सीट पर बैठ गए
अब कहीं
हमारी गुमी हुई साँसें वापस आईं
हमारे भागे हुए प्राण
हमारे शरीर में प्रविष्ट हुए
जैसे जी उठे

लेकिन
हमारे आँसू
लगातार हमारी आँखों का साथ
छोड़े जा रहे थे।
गुड़िया कुछ बोलती जा रही थी
शायद
अपनी गोद में बैठाकर
सिनेमा दिखाने वाली
आंटी के कसीदे काढ़ रही थी
और हम
ख़ामोश थे
क्रोध और प्रसन्नता की
दो रस्सियों से बधे
झूले पर झूलते हुए
आत्म-विस्मृत।

बस
बस में गुड़िया
उसका भाई
और मैं
गुड़िया पूरी बस का मुआयना कर
और
सभी यात्रियों के प्यार
और
गोद का सुख लूटकर
मेरी गोद में आ गई है
रास्ते के एक ओर बाज़ार है
और
दूसरी ओर अफ़गान स्नो बनाने वाली
फ़ैक्टरी की
धुआँ उगलती चिमनियाँ
और

एक दूधिया महक
उसकी नजर बाजार की ओर है
और हर दुकान की ओर देखकर
एक सुपरफ़ास्ट गाड़ी की तरह
बिना रुके
हर चीज़ के बारे में पूछ रही है
'वह क्या है?'
मैं कैफ़ियत बयान कर रहा हूँ
और
पूछ रहा हूँ-
'क्या तुम्हें चाहिए?'
'हाँ।'
'कल ले देंगे।'
अब
उसके लगातार दगते हुए सवालों से
मेरी झुंझलाहट बढ़ने लगी थी
मेरा धैर्य
बस से कूदकर
आत्महत्या करने के लिए
तैयार हो चुका था
तभी उसने
एक ज़ेवरात की दुकान की ओर मुखातिब होकर
एक और सवाल दागा
'यहाँ क्या मिलता है?'
'झापड़, तुझे चाहिए?'
मेरा धैर्य
अचानक खिड़की से कूदकर
बस के पिछले पहिये से कुचल चुका था।
तभी उसने बड़े भोलेपन से कहा-
'कुछ भैया के लिए भी तो ले लो'
और मैं
बरबस ठहाका मारकर हँस पड़ा

सब लोग मेरी ओर देखने लगे
उन आश्चर्य से देखने वालों में
दो अदद आँखें उसकी भी थीं।

ऐसी ही
न जाने कितनी यादें
मरे हुए बँदरिया के बच्चे की तरह
मेरी छाती से चिपकी हैं
टुकड़ों-टुकड़ों में बँटी हुई
और मैं
उन्हीं यादों के सहारे
जी रहा हूँ
जिये जा रहा हूँ
पता नहीं कब तक जिये जीऊँगा
पता नहीं...

एक खिलौना घर में

एक खिलौना आया है घर में
वह चाबी से नहीं चलता
पैरों से नहीं चलता
सिर्फ़ घुटनों से चलता है
कभी-कभी
घुटनों के बल दौड़ता भी है
जब वह हँसता है
तो
सारे लोग जैसे हँसने लगते हैं
घर की दरो-दीवार हँसने लगती हैं
और
जब वह रोता है
तो
सारा घर रुआँसा-सा होकर दौड़ पड़ता है
अपने सारे काम छोड़कर
लिखते समय
कोई व्यवधान न सह सकने वाली
मेरी पत्नी बदहवास-सी लपक पड़ती है
लगभग चीखती हुई-सी
'क्या हुआ, क्या हुआ
क्यों रो रहा है?'
सारा घर ही जैसे इस शोर में डूब जाता है
'क्या हुआ-क्या हुआ?'
जब रोता है
तो

उसे चुप करा पाना आसान नहीं होता
उस समय
हम सब उसके खिलौने बन जाते हैं
उसे चुप कराने के लिए
हँसाने के लिए
उसका रोना
हँसना
चीज़ें तोड़ना
फाड़ना
टेलीफ़ोन का तार खींचना
उसे बार-बार पटकना
सभी कुछ तो अच्छा लगता है
किसी भी नुक़सान के लिए
किसी के भी चेहरे पर शिकन नहीं आती है
ऐसा कैसे हो सकता है
लेकिन
ऐसा होता है
उसकी हर अदा
हर कारिस्तानी
सभी को बहुत भाती है
एक खिलौना जो आया है घर में...

वह सिर्फ़ चार शब्द बोलता है
कूँ-कूँ, अग्ँ की आवाज़ में
अम्मा, पापा, अब्बुआ, अब्बाबा
और
इन चार शब्दों में ही
जैसे चार घड़े अमृत के छलक जाते हैं
कितना सुखदायी होता है क्षण
जब वह कोई भी चीज़ पकड़कर खड़े होने की कोशिश करता है
खड़ा भी हो जाता है
और थोड़ी देर में ही थककर बैठ जाता है

वह चारों ओर देखता है
जैसे अपनी इन बाललीलाओं की
प्रतिक्रिया जानना चाहता हो
फिर
अपनी इन लीलाओं पर हँसने लगता है।
सबका मन सुखद मोह में फँसने लगता है
कोई घोड़ा बनता है
कोई झूला बनता है
कोई कुत्ता, बिल्ली या चिड़िया बनकर
ख़ुद भी हँसता है
उसे भी हँसाता है
सब कोई उसे अपनी जान में बसाता है
अजीब-सी रौनक पसर गई है
चारों ओर
एक खिलौना जो आ गया है घर में...

घर में हमेशा पसरी रहने वाली उदासी
किसी कोने में सिमट गई है
बेटी के जाने का ग़म कम हो गया है
या शायद रातों के सन्नाटे में
कुछ और भी नम हो गया है
उसकी बाललीलाओं में लिपटा
यादों की हूक के रूप में
माँ के कलेजे से चिपटा-
लेकिन
कुछ तो जादू-सा है
हमारे इस नन्हे खिलौने में
कि
सबको दिन-भर व्यस्त रखता है
बेटी की यादों के ग़म के बावजूद
हरदम मस्त रखता है
एक खिलौना जो आ गया है घर में...

मौसम

पिछले कुछ वर्षों से
न जाने क्या हो गया है यहाँ के मौसम को
चुपचाप बिना हिले-डुले पड़ा है।
एक अस्पताल के गंदे बिस्तर पर कौमा ओढ़े हुए
बरसात के अंत और सर्दियों की प्रतीक्षा के बीच
त्रिशंकु की तरह।

डॉक्टर आते हैं।
और चुपचाप निकल जाते हैं सिर हिलाते हुए
नर्सें इधर-उधर भाग रही हैं
बिना चाबी के खिलौनों की तरह ख़ामोश
कुछ बोलती-चालती नहीं
सिर्फ़ उनके सफ़ेद भुतहा सैंडलों की-
डरावनी खट्-खट् बोलती है
हाँ, डॉक्टर ही कभी-कभी फुसफुसा जाते हैं-
'दिल काम कर रहा है
लेकिन मस्तिष्क की चेतना कहीं खो गई है।'

अब सारे मौसम ठहर गए हैं जहाँ के तहाँ
लेकिन सूरज अब भी निकलता है
और दिन-भर खाँस-खाँसकर
पीले बलग़म-सी धूप थूकता रहता है
और हाँ, शाम ढले-
काला, गाढ़ा ख़ून उगलता हुआ
किसी अँधेरे में कहीं गुम हो जाता है।

हमने सुना था कि अँधेरा-
कभी उजाले को नहीं निगल सकता
लेकिन जब से मौसम कौमा में पड़ा है
तब से यहाँ ऐसे ही अजूबे होने लगे हैं
हालाँकि दिन-रात पहले भी होते थे
उजाले और अँधेरे की लड़ाई तब भी चलती थी
लेकिन तब अँधेरे के सिर पर पैर रखकर
एक महान् विजेता की शान से सूरज आता था
किरणों की विजयपताका फहराता हुआ।
लेकिन अब
चूँकि बूढ़ा अँधेरा
सूरज को निगलने के बाद उसे पचा नहीं पाता
इसलिए किसी रेगिस्तान के
रेतीले दूहों के बीच गुम होती हुई-
तारों की नदी के एक अनजान किनारे पर
उगलकर कहीं भाग जाता है
और थका-हारा पराजित-सा सूरज
अपनी धूल झाड़ता हुआ
कराहकर बमुश्किल खड़ा होता है
भयानक पीलिया के एक दुर्बल रोगी की तरह।

यह सब कौमा पड़े होने के कारण ही हुआ है
हमें खुशी होगी कि मौसम के मस्तिष्क की
खोई हुई चेतना की जगह
कहीं भी, किसी भी अस्पताल में
नई चेतना प्रत्यारोपित कर दी जाए
और मौसम फिर से
शिशु सुलभ किलकारियाँ भरने लगे
तो हमें भी लगने लगेगा कि हमारे यहाँ भी
फिर से मौसम बदलने लगा है
ठीक नये शिशु की भोली, निष्पाप मुस्कान
और मोहक किलकारियों की तरह।

अच्छा लगता है

अच्छा लगता है
अलसुबह धुंध में ठिठुरे
किसी विशाल पार्क में अकेले घूमना
ओस भीगी घास पर नंगे पाँव चलना
सर्दियों की चढ़ती धूप में
किसी घास पर ही लेटकर
उस धूप में नहाना
अच्छा लगता है।
कभी-कभी अच्छा लगता है
अपने मन के सन्नाटे में डूबे रहना-
अथाह भीड़ के बीच भी।
लेकिन अच्छा नहीं लगता
भीड़ के अहसास-भरे शोर में-
उसका हिस्सा बन जाना
उसमें मेरा समूचा वजूद ही खो जाता है
सिर्फ़ मेरा ही नहीं-
समूची भीड़ का वजूद ही खो जाता है
सच पूछिए तो-
भीड़ का अपना कोई वजूद ही नहीं होता।

अच्छा लगता है
किसी वीराने में भटकना
स्वयं से बातें करना
अपने भीतर अपने साथ का एहसास करना
किन्हीं झाड़ियों में झींगुरों की आवाजें सुनना

पैरों के पास से किसी साँप का सर्र से निकल जाना
और अपने बच जाने की ख़ुशी अनुभव करना
सचमुच अच्छा लगता है।

अच्छा लगता है किसी का अहित किए बग़ैर सच बोलना
लेकिन किसी निरीह के हित के लिए-
झूठ बोलना
उससे भी ज़्यादा अच्छा लगता है।

अंधों की बस्ती और मैं

यह बस्ती
चोट खाए लोगों की है
यहाँ सभी अंधे हैं
जो एक-दूसरे से टकरा रहे हैं
और दूसरों पर
ख़ुद से टकराने का आरोप लगा रहे हैं।

मैं
चाहे जितना बचकर चलूँ
कोई न कोई
मुझसे टकराता है
कभी वह गिरता है
कभी मैं
कभी दोनों
हम फिर उठते हैं
टकराने
या टकराए जाने के लिए
अथवा दूसरों पर
ख़ुद से टकराने का आरोप लगाने के लिए

यह बस्ती
चोट खाए लोगों की है।

उजाला
कभी था

कहीं था
हम भूल गए हैं
उल्लू एक स्थिति में देखता है
लेकिन हम
किसी स्थिति में नहीं देखते
अब हम
या तो एक-दूसरे से डर गए हैं
या
एक-दूसरे के हाथों मर गए हैं
हम सिर्फ़ आदी हैं
टकराने के
महसूस करने के नहीं

यह बस्ती
चोट खाए लोगों की है।

निष्कर्ष : मेरी अहं यात्रा

मैं,
अपने कमरे में बैठा हूँ
और मेरा सिर
कमरे की छत से टकराकर
उसके ऊपर धूप सेंकने चला गया है

मेरे दरवाज़े पर खड़ा
यूकिलिप्टस का पेड़
मेरे पैरों से कुचलकर टूट गया है
हवा मेरे पास तक आती है
और मुझे छुए बिना ही
सहमकर लौट जाती है

मैं
निश्चित नहीं कह सकता
कि मैं क्या हूँ
लेकिन लगता है
अब मैं सिर्फ़ आदमी नहीं रहा।

मुद्राएँ

यह भी एक मुद्रा है अपने बचाव की
कि अपनी असफलता को
दूसरे के मत्थे मढ़ दो
ऐसी ही बहुत-सी मुद्राएँ हैं
जो नृत्य या विनिमय की नहीं
ये आज ज़िंदगी की वास्तविकता बन गई हैं
इन्हें सब नहीं जानते
जो जानते हैं
वे इनका बाख़ूबी इस्तेमाल करते हैं
और अंत में
जमकर ख़ामियाज़ा भरते हैं।

जब कोई इन्हें
किसी ख़ास मौक़े पर
शुभकामनाएँ, बधाइयाँ या कुछ और कहने जाय
तो ये हवाई मुद्रा में
'ठीक है' कहकर दरवाज़ा बंद कर लेते हैं
और अतिव्यस्तता का आभास देते हैं
वास्तव में ये डरे हुए लोग हैं
अपने दंभ या अहं की पोल खुलने से
लोगों को असलियत का पता मिलने से
ये अपनी बड़बस्ती हाँकते हैं
और दूसरों का विश्वास फाँकते हैं।
जब कभी ये रास्ते में मिल जाएँ
पान खाकर या किसी की जान खाकर घर लौटते हुए

या घर से पान या जान खाने के लिए जाते हुए
और कोई इन्हें नमस्कार करे
तो ये मात्र सिर हिलाकर
गंभीर मुद्रा में
कुछ क्षण कुछ सोचते-से मुँह घुमाकर खड़े रहेंगे
और यदि कोई धृष्टता कर बैठे
अपने और उनके किसी तथाकथित-
अभिन्न के बारे में पूछने की
कि फलाँ कैसा है, कहाँ है, क्या कर रहा है
तो वे
बड़ी बेरुखी से कहेंगे-
कौन फलाँ
आई डॉण्ट नो हिम और हर
और गहन चिंतन की मुद्रा में आगे बढ़ जाएँगे
और घर पहुँचकर
उस फलाँ के लिए खंभे-से गड़ जाएँगे
और फलाँ कके लिए ये काम करना है
उस अभिन्न के लिए जीना है या मरना है
लेकिन ये
मरते कभी नहीं
सिर्फ़ जीते हैं
ये आदमी नहीं
आदमखोर चीते हैं
इनको अपना दंभ छुपाए रखने की आदत है
यही इनकी शहादत है।

यही तो उनकी अदाएँ हैं,
कलाएँ हैं, मुद्राएँ हैं
इन्हें सब नहीं जानते और जो जानते हैं
वे अपने चेहरे छुपाने में हार नहीं मानते।

हम आदमी नहीं हैं

हम आदमी नहीं हैं
फिर क्या हैं
हम स्वयं नहीं जानते
कैसी विडंबना है यह
कि
हम ख़ुद को ही नहीं पहचानते
और
न हमने
कभी पहचानने की कोशिश ही की
लेकिन यह तय है
हम आदमी नहीं हैं
और चाहे कुछ भी हों।

हम
कुत्ते-बिल्लियों की तरह
एक-दूसरे पर
गुर्राते हैं
एक-दूसरे को डराते हैं
धमकाते हैं
लड़ते हैं
खदेड़ते हैं।
और
गुर्राते हुए
एक-दूसरे की विपरीत दिशा में
मुड़ जाते हैं।

हम कुछ भी हों
लेकिन
आदमी तो नहीं हैं।

हम
शेर की तरह दहाड़ते हैं
और
कमज़ोर मृगों के झुंड पर
दौड़ पड़ते हैं
जो भी पकड़ में आ जाए
उसे झिंझोड़कर खा जाते हैं।
हम
भूखे भेड़ियों की तरह लड़ते हैं
और
एक ही जंगल में रहने की डींग भी भरते हैं
हम आदमी नहीं हैं
और चाहे कुछ भी हों।

हम
कौवे
गिद्ध
चील की तरह
पैनी नज़र रखते हैं उन पर
जो मर गए हैं
और
मरे हुओं की आँखें नोचते हैं।
आँतें उधेड़ते हैं
मांस को नोच-नोचकर
सहभोज का उत्सव मनाते हैं
और फिर
उत्सव भी कहाँ मना पाते हैं
एक-दूसरे को

भगाने के प्रयत्न में लगे रहते हैं
कि कौन
उस सड़ती हुई लाश का उपयोग कर सके
हम आदमी नहीं हैं
और चाहे कुछ भी हों।

हम
भूखे सियारों की तरह
हुवाँ-हुवाँ करके आपस में लड़ते हैं
कायर होकर भी
बहादुर होने का स्वाँग भरते हैं
हम
चूहों की तरह
एक-दूसरे की जेबें कुतरते हैं
नन्ही चिड़ियों की तरह
एक-दूसरे का दाना चुग जाते हैं
हम आदमी नहीं हैं
और चाहे कुछ भी हों।

हम
कितने पालतू हैं
कि
अपने मालिक के सामने
दुम हिलाते हैं
जबकि उसके लिए बिलकुल फ़ालतू हैं।
हमें तो यह भी पता नहीं
कि
हमारा असली मालिक कौन है
हम सिर्फ़
उसके और उसके हिमायतियों के नाम पर
अपने अंगूठे की मोहर ठोक देते हैं
और अपने आप को

उसके रहमोकरम में झोंक देते हैं
चाहे वह शेर हो या बब्बर शेर
लेकिन
हम इतना जान गए हैं
कि
कोई हमारे मालिक का भी
बड़ा मालिक है
जिसके सामने हमारा मालिक
अल्यूमिनियम का कटोरा फैलाए
हमेशा खड़ा रहता है
भीख माँगने की मुद्रा में
और
हमसे कहता रहता है
चिंता मत करो
सिंगल रोटियाँ ही नहीं
डबल रोटियाँ आ रही हैं
कपड़े आ रहे हैं
और तुम्हारे लिए
नये, अच्छे, घने जंगल उगाने की
नई तकनीक आ रही है
अब तुम सब सुखी
और प्रसन्न रहोगे
हमारी जय-जयकार कहोगे
और हम
सुखी तथा प्रसन्न हो जाते हैं
सपनों में खो जाते हैं
ज़िंदगी की नई शुरुआत के इंतज़ार में
जो नहीं है हमारे अख़्तियार में
हम सब बहुत भोले हैं, भले हैं।
लेकिन
हम आदमी नहीं हैं
और चाहे कुछ भी हों।

हम इतने भोले
और
भले हैं
शेरों और बब्बर शेरों के गुरु
द्रोणाचार्यों को ही
अपना गुरु मान बैठे हैं
और
उनकी गुरुदक्षिणा की माँग में
अपने अंगूठे कटवाकर
महान शिष्यत्व की शान से ऐंठे हैं
हम नहीं जानते
हमारे उन कटे हुए अँगूठों का दाँव
किस तरह चला जा रहा है
और
हमें किस तरह छला जा रहा है।
हम यह भी नहीं जानते
कि हमें
ताज़ा हवा के नये जंगलों की जगह
कंकरीट के जंगल सौंप दिए गए हैं
और
हमारी छातियों में
हमारे अपनों के ही पैने नाख़ून
घोंप दिए गए हैं।
हाँ, सच
हम आदमी नहीं हैं
और चाहे कुछ भी हों
हम नहीं जानते
हमें जानने भी नहीं दिया जाता
इस दमघोंटू हवा में
हमसे जिया भी नहीं जाता
हम आदमी नहीं हैं
और चाहे कुछ भी हों।

न जाने क्यों?

न जाने क्यों
लगता है
अकस्मात् कट गए हैं
हज़ारों कपोत-शिशुओं के पंख
और
एक-एक कर गिर रहे हैं
आधी झुकी इमारतों पर।
न जाने क्यों?

न जाने क्यों
लगता है
सिमट आए हैं
अघुलनशील
संपृक्त
अमावस्याओं की रातों के दायरे
हमारे कंधों पर।
न जाने क्यों?

न जाने क्यों
लगता है
हर सड़क विभक्त हो गई है
गहरी-
चौड़ी-
अलंघ्य-
खाइयों के द्वारा

और
हम सब एक साथ गड़ गए हैं
बुझी हुई कंदीलों की तरह
उन खाइयों के एक किनारे पर।
न जाने क्यों?

न जाने क्यों
लगता है
चारों ओर
बर्फ की नदियों में बाढ़ आ गई है
और
जम गई है
हमारी साँसों की ऊष्मा
आदिम गुहाओं के मुहानों पर।
न जाने क्यों?

जहाँ-जहाँ अँधेरा है

जहाँ-जहाँ अँधेरा है
मेरा बिंब है
और जहाँ-जहाँ रोशनी है
मेरा प्रतिबिंब है
बिंब और प्रतिबिंब के बीच
मैं,
कहीं नहीं हूँ
सिर्फ़ मेरी काया है
एक साया है
मैं नहीं जीता,
ज़िंदगी मुझे जीती है
यही,
हम सबकी आपबीती है।
बिंब,
प्रतिबिंब
और ज़िंदगी में जो संबंध है
वही,
मेरा और मेरे होने का अनुबंध है।

नव वर्ष

ओ नव वर्ष
तुम्हें बधाई है
तुम्हारी
365 दिन की अनवरत यात्रा
के प्रारंभ पर

तुम्हें शुभ हों
कुहरेभरी सुबहें
उदासीघिरी शामें
दर्दभीगी रातों के अँधेरे

तुम्हारा स्वागत करें
सूखे अधरों की मुस्कुराहटें
झरती हुई पीली पत्तियों वाली शाख़ें
मुरझाए फूलों की पाँखें
अश्रुगंधी आँखें

तुम्हें सहर्ष मार्ग दे
किनारे खड़ी युद्ध की विभीषिकाएँ
एटमी परछाइयाँ
भय और संशयों की भीड़
आत्महत्या करने की मजबूरियाँ

हम,
तुम्हारे सहयात्री

तुमसे माँगते हैं
हर नई यात्रा के द्वार खोलने वाली
सुबहों के लिये
ताज़ा और गंधवाही हवाएँ-
मायूस उचाट रातों के लिये
शांत और सुखद नींदें
स्फूर्तिगर्भा मधुर स्मृतियाँ।

एक ख़त गुमशुदा बेटी के नाम

प्यारी बेटी
तुम जब से गई हो
यहाँ के दिन कुछ ज़्यादा ही बड़े होने लगे हैं।
शायद गर्मियों की-
लू में लिपटी दोपहर से भी ज़्यादा

सुबह अब भी उतरती है
बरसात में भीगी
या सर्दियों के कुहरे में लिपटी
ठिठुरी, काँपती-सी।

दिन चाहे जितना लंबा और बड़ा हो
उसे गुज़रना ही है
इसलिए गुज़र जाता है कोलाहल के बीच से
भीड़भरी सड़कों पर अपने धुँधले
बदशक्ल निशान छोड़ता हुआ।
लेकिन न जाने क्यों
मेरे भीतर के सन्नाटे में वह कोलाहल
वह भीड़भरा सड़कों का माहौल
कहीं खो जाता है
ठीक तुम्हारी तरह।

रातें अब भी आती हैं
डरी, सहमी
सुबकते सपनों में डूबी

उचटती-सी नींद में सोई हुई।
और मैं अचकचाकर बैठ जाता हूँ-
आधी रात को
फ़ोन की न बजने वाली घंटी सुनकर
कि कहीं वह तुम्हारे ही फ़ोन न हो।
क्योंकि तुम्हारा फ़ोन
कहीं से भी, कभी भी, किसी भी समय आ सकता है-
'मम्मी, पापा को जगा दो।
मुझे उनसे कुछ ज़रूरी बातें करनी हैं।'
लेकिन वह फोन अब कभी नहीं आता
सिर्फ नींद में उसका इंतज़ार आता है।

हंगामे
जो तुम किया करती थीं
अब बिलकुल ख़ामोश हैं
ठीक तुम्हारी तरह
मेरी तरह
नींद में डूबी इन रातों की तरह

बेटी,
जो मकान तुमने पसंद किया था
हम उसमें आ गए हैं,
तुम्हारे पसंदीदा कमरे में तुम्हारी माँ ने
तुम्हारी सारी जरूरी और ग़ैरज़रूरी चीज़ें
करीने से लगा दी हैं
पता नहीं तुम्हें कब किस चीज़ की ज़रूरत पड़ जाए
न मिलने पर तुम चीखने-चिल्लाने लगोगी।

तुम्हारे कमरे की
एक दीवार पर तुम्हारी तस्वीरें टँगी हैं
दूसरी पर तुम्हारी डायरियाँ
तीसरी पर तुम्हारे ख़त

जो तुमने बचपन से युवा होने तक मुझे लिखे थे
और
चौथी पर तुम्हारी शरारत-भरी यादें

जो सामने की खिड़की से
आने वाली तीखी हवा में फड़फड़ा रही हैं-

एक कोने में बैठा है
तुम्हारा बेहद प्यारा टेडी बॉय
तुम्हारी बाँहों में झूलने की प्रतीक्षा करता
खामोश, उदास
रोनी सूरत बनाकर गर्दन झुकाए

प्यारी बेटी
अब ये रातें दिन से भी ज्यादा लंबी होने लगी हैं
तुम्हारे न होने की तरह अछोर
अब ये चौंकती नहीं, डराती हैं

हम सबको हरदम तुम्हारा इंतज़ार है
बाक़ी सब ख़ैरियत है
तुम्हारा
पापा।

गीत

हंसते तारों की छाया में
आँख भरी है मन रीता है
सपनों का आंचल गीला है
खुशियों का बंधन ढीला है।
मधुर स्वरों की चहल-पहल में
मेरा ही स्वर दर्दीला है।
सिसक रही भावों की दुल्हन
मौन कल्पनाओं का गुंजन
जली बहारों की छाया में
मेरा यह जीवन बीता है।
मेरी सुधि-संगिनी अनबोली
असगुन बनी प्रीति की रोली
सुधी हुई बूढ़ी आशा के
कंधों पर सांसों की डोली।
संघर्षों का सम्मोहन है
हर ठोकर में अपनापन है
छल की तलवारी छाया में
सुख हारा है दुख जीता है
रुकना ही मंजिल का भ्रम है

चलना इस जीवन का दम है
आंसू नहीं बुझी पलकों में
थके हुए, प्रश्नों का श्रम है।
फिर भी मैं गाए जाता हूं
हर मुश्किल में मुस्काता हूं
अपने गीतों की छाया में
सब कुछ मेरा मन चीता है
मैं संयम का दास नहीं हूं
मैं बंधन का पाश नहीं हूं।
मेरा हृदय जलाने वालो
मैं पानी हूं प्यास नहीं हूं।
जो आये क्या दे जाएगा
जाये तो क्या ले जाएगा
आने-जाने में नवीनता-
की गति मेरी परिणीता है।

सन्नाटे का प्रेत

बादलों का मातमी लबादा ओढ़
बूढ़ी सांझ
मिरगी के दौरे में
तारों के झाग छोड़
कांपते अम्बर के पानी में डूब गयी।
दिशाओं की सेज पर
क्वारे सपनों में खोई हुई-
दौज की
सिमटी-सी शरमीली
सुहभागिनियां चांदनी को
अंधेरे की नागिन ने
लहराकर डस लिया
ताप से झुलसी उदासी की बीमार
सांसों की तेज़ी ने-
कोहाहल काट दिया।
सर्द ख़ामोशी के आतंकवादी शासन ने
सहमी सड़कों के, पार्कों के-
कमज़ोर दिलों में ही
शबनम के आंसू जमा दिये।
हवा के बेरहम पैरों की ठोकर से

लड़खड़ा के गिरते हुए-
सूखे पत्तों की
कराहती आवाज़ें भय भरने लगीं।
लेकिन निर्भय होकर, निर्भय निर्दय होकर
चारों ओर घूम-घूम नाच-नाच
अट्टहास करता रहा
प्रेत सन्नाटे का।

(02-09-60)
कमला नेहरु मार्ग चौक, लखनऊ

भैंसा

प्यारे भैंसे!
एक दिन तब धरती पर
हिरमिची सन्ध्या की-
तारकोली छाया में
श्रद्धा से, विनय से,
चाटुकारिता की झिझक से-
माथा झुकाये
तुम अपने सींगों से-
किसी महिषी के
पुष्ट मांसल-पुट्ठे को
खुजला रहे थे
मौन मुग्ध भाव से।
मैंने पूछा था- 'मित्र!
तुमने कभी कालिदास का-
मृगी को खुजलाता हुआ
कृष्णसार देखा नहीं,
सामन्ती कन्या का-
नायिकाभेद पढ़ा नहीं
और अपने पापों की
सफाई देते में दक्ष
नये आचार्यों से-
पश्चिमी रुझान का
मनोविज्ञान सीखा नहीं-
फिर इस तरह
पुट्ठे खुजलाना कहां सीखा?'

और उस
पूंजीपतियों की करतूतों-सी
काली रात में
अपने मालिक के हाथों-
चुपचाप डंडे खाते हुए तुमसे-
यह भी पूछा था-
'मित्र! सच कहो
तुम या तुम्हारे बाप-दादे
उस गांव को छोड़
और कहीं गए नहीं
गांधी बेचारे
इस गांव में आए नहीं
इसलिए तुमने
उन्हें देखा तो कभी नहीं
और न उनके कभी
भाषण ही सुने हैं
फिर इस तरह
सींग तथा स्वस्थ सशक्त
शरीर होते हुए भी
डंडे खाकर-
चुपचाप जुगाली करने वाली-
गांधीवादी सहिष्णुता कहां सीखी?
क्या तुम्हें याद नहीं
उस भोर
गांव के बेढंगे
तालाब में लौटते हुए
तुमसे मैंने पूछा था-
'क्यों मित्र!
तुम बज्र देहाती-
वर्तमान नागरिक सभ्यता से अनभिज्ञ
तुमने कभी कांजी हाउसों वाली
वर्तमान आलोचना पद्धति देखी नहीं,

फिर इस तरह
तालाब के स्वच्छ पानी को-
भयंकर गंदला करना,
कमल-बन उजाड़ना,
तल पर जमी कीचड़ को-
ऊपर उछालना कहां सीखा!
और कभी अपने
ऊपर के होठ दबा,
नीचे के आगे बढ़ा-
मटमैले दांत दिखा
या कि कभी मजबूर
जुगाली के झाग गिरा
या कुन्द चेतना की-
भीगी-सी पूंछ हिला
मानो तुमने कहा-
'मित्र, हम वादों-विवादों को
क्या जानें?
दो क्षण फुरसत में
साथी-साथिनों से मिल
रुढ़ियों से प्रवाहहीन
तालाबों में लोटकर
अपने मन को बहला
या झुठला लेते हैं।
वैसे हम स्वार्थों
कानूनों के बाड़े में बंद
तुम्हारे कठोर शासन के
खूंटे से बंधे हुए-
स्वतंत्र भारत की
देहातों में पली हुई-
जनता नहीं,
भैंसे हैं।

(11.11.60)

मुक्तक

(एक)

जिंदगी बहती हुई धारा,
जिंदगी जलती हुई बाती।
पहुंच पाई जो न प्रिय के पास
जिंदगी वह राह की पाती।

(दो)

जिंदगी में प्यार भी प्रतिकार भी
जिंदगी में मान भी दुत्कार भी।
क्या हुआ गर मैं न मंजिल पा सका
जिंदगी में जीत भी है हार भी।

(तीन)

जिंदगी में स्वप्न का मौसम भी है
जिंदगी में प्यार का सरगम भी है।
मगर मेरे दोस्त यह मत भूलना
जिंदगी में खुशी है तो ग़म भी है।

(चार)

हर किसी के मन की चाहत प्यार है
खुशी ही उम्मीद का आधार है
मगर सबकी आखिरी मंजिल यहां
दोस्त रोता हुआ एक मज़ार है।

(पांच)

हर हवा के व्यंग्य हम पर चल गए
धुएं को बादल समझकर छल गए
क्या हुआ बेशक हमीं ने भूल की
वह अंगारा था इसी से जल गए।

(छह)

नयन ने देखा तभी शरमा गये
भाव भी संकोच से घबरा गये
लाख कोशिश की कि कुछ उनसे कहूं
मुंह खुला ही था कि बंधन पा गये। (15.09.58)

(सात)

जो कभी मुरझाये नहीं फूल नहीं
जो कभी चुभ जाये नहीं शूल नहीं
दोस्त क्यों रोते हो आस खोते हो-
वो तो जिंदगी नहीं गर भूल नहीं।

(आठ)

जिंदगी जिंदगी से पलती है
जिंदगी जिंदगी से छलती है
मौत छू भी नहीं सकती उसको
जिंदगी जिंदगी में ढलती है।

(नौ)

मौत विश्राम है मंजिल न कहो
डूब जाने को ही साहिल न कहो
दोस्त जो फूल झर के गिरता है
उसको अंजाम कहो फल न कहो। (20.09.58)

(दस)

मैं किसी के स्वप्न का मेहमान हूं
मैं किसी के हृदय का अरमान हूं
भूल भी हूं भूल का आधार भी
मैं नहीं भगवान बस इंसान हूं।

(नौ)

मौत विश्राम है मंजिल न कहो
डूब जाने को ही साहिल न कहो
दोस्त जो फूल झर के गिरता है
उसको अंजाम कहो फल न कहो। (20.09.58)

(दस)

मैं किसी के स्वप्न का मेहमान हूं
मैं किसी के हृदय का अरमान हूं
भूल भी हूं भूल का आधार भी
मैं नहीं भगवान बस इंसान हूं।

(ग्यारह)

मैं किसी पर भार बनकर क्यों रहूं
किसी पर अधिकार बनकर क्यों रहूं
जब न कोई प्यार मुझको दे सका
मैं भला प्रतिकार बनकर क्यों रहूं।

(बारह)

प्यार तब करना उसे मंजूर था
आज जब ठुकरा दिया मजबूर था
दोस्त जग ने फूल तोड़ा डाल से
सूंघकर बिखरा दिया दस्तूर था।

(तेरह)

गंध है तो भ्रमर भी आ जाएंगे
ज्योति है तो शलभ भी बन जाएंगे
क्यों दिखावट की सफेदी पोतते
सत्य होगा तो सभी अपनाएंगे।

(चौदह)

स्वप्न मन की तुष्टि का आधार है
वह विचारों का सहज श्रृंगार है
दोस्त जिन मजबूरियों से हम लड़े
स्वप्न उन मजबूरियों का सार है।

(पन्द्रह)

गीत मेरे भाव पाकर जग गये
कल्पना में पंख नूतन लग गये
स्वप्न में देखा किसी के रूप को
बहुत संभले पर अचानक रुक गये। (09.09.58)

(सोलह)

प्रेम दो उर के धड़कनों की मूल भाषा है
प्रेम मंजिल नहीं, मंजिल की एक आशा है
दोस्त पीने से जो बढ़ती ही चली जाती है
प्रेम वह अनुभूति है, पिपासा है।

(सत्रह)

मन की हर उड़ान बनाती नई कहानी है
उतरती नयन में पूनम की जब निशानी है
गूंगे उर में जबकि जिह्वा का जन्म होता है
अजब मदहोशी लिए आती जब जवानी है।

(उठारह)

दुख के शैतान तेरी बात नहीं मानूंगा
तेरे आंसू को मैं बरसात नहीं मानूंगा
जन्म जो भोर को देती है अपनी गोदी में
मैं ऐसी 'मां' को 'पापिन रात' नहीं मानूंगा। (20.08.58)

(उन्नीस)

जहां हैं आज ये इंसान दिखायी देते
रहे होंगे कभी वीरान दिखायी देते
कभी ऐ दोस्त वहां भी बहार खेती थी
जहां हैं आज ये शमसान दिखायी देते।

(बीस)

वक्त के हाथों सभी मजबूर हुआ करते हैं
खून के रिश्ते भी कभी दूर हुआ करते हैं।
हम जो भी सजाते हैं उम्मीद के शीशे
वक्त के हाथों चूर-चूर हुआ करते हैं।

(इक्कीस)

सभी मेरे आज के वीराने पे हंसा करते हैं
मालूम होता है यह हंसने का नशा करते हैं
उनसे कह दो कि मुसीबत नहीं किसी की जागीर
इसमें कभी हंसने वाले भी फंसा करते हैं।

(बाइस)

खिल उठी रात की तनहाई चुपके-चुपके से
बजी है दूर पै शहनाई चुपके-चुपके से
हुई है पल में ही वीरां किसी की दुनिया
खुशी किसी ने मनाई है चुपके-चुपके से।

(तेईस)

यहां जब जो भी लोग आते हैं
सभी अपने ही गीत गाते हैं।
मगर ऐ दोस्त उम्मीदों के महल
अधूरे छोड़ यूं ही चले जाते हैं।

(चौबीस)

जग में अनुपम खेल का आभास भी आये न आये
तुमको मेरी बात का विश्वास भी आये न आये।
काम जो करना है तुम्हें कभी कल पर न छोड़ो-
क्या पता है ये अनागत श्वास भी आये न आये। (11.08.55)

(पच्चीस)

माना पतझर को मैं बहार नहीं दे पाया
भीगे आंचल को मैं बयार नहीं दे पाया
मौत के द्वार पर रोती हुई दुनिया तुमको
यह नहीं मानूंगा कि प्यार नहीं दे पाया।

(छब्बीस)

तुमको अपने मिल के धुएं में आसमान नजर आता है
इसमें मुझको तो जलता हुआ इंसान नजर आता है
ओ दुखी आदमी के खामोश मन को मरघट कहने वाले
मुझको मरघट में भी उठता हुआ तूफान नजर आता है।

(सत्ताईस)

मैं अपने आपको बुरा नहीं मानूंगा
तेरे अनुताप को बुरा नहीं मानूंगा
हो के बदनाम बसा दे किसी की दुनिया-
मैं ऐसे पाप को बुरा नहीं मानूंगा। (15.01.60)

(अट्ठाईस)

पायलें झनकीं बहारें आ गईं
चूड़ियां चटकीं घटाएं छा गईं
कण्ठ कम्पन भीगता सावन हुआ
अश्रु बालाएं मल्हारें गा गईं।

(उन्तीस)

मैं रुका पतझर सजाने के लिये
पीर पीकर मुस्कराने के लिये
जीत जाये विश्व लेकिन मैं रुका-
हार को अपना बनाने के लिये।

(तीस)

चांद खुद शर्मा रहा मैं क्या करूं
प्यार बिकता जा रहा मैं क्या करूं?
इस सिसकती रात के तूफान में-
बावरा मन गा रहा मैं क्या करूं? (03.02.60)

जीवन का कारवां

(1)

गर्मी ने झुलसाया-
आंसू ने नहलाया
पीड़ा की हवाओं ने
हलराया दुलराया।
सन्नाटे की सांसों से
लिपटकर डस खाया
फिर भी न रुक पाया
जीवन का कारवां।

(2)

मंजिल ने तरसाया
राहों ने बहकाया
आंधी तूफानों ने
अंधेरे के मसानों ने
डराया, धमकाया।
ऊँची चट्टानों ने- बार-बार ठुकराया।
रात के सितारों के- शैतानी इशारों ने
बाग की बहारों ने
दो क्षण तो बहलाया,
बहला के लुटवाया
फिर भी न रुक पाया- जीवन का कारवां।

(26.10.60)

जीवन का बिरवा

(1)

पाले ने पाला- और जाड़े ने सहराया।
दुनिया के बाग के
निष्ठुर मालियों ने
समय के हंसिये से
बार-बार काटा
किंतु, कटकर भी उग आया
जीवन का बिरवा।

(2)

दिन के उत्पातों को
शत के आघातों को
प्यार के आंगन में
धोखे के भूतों की
जमती जमातों को
देखकर कांप उठा।
रिवाज़ों के पिघले
मोम से चिपके हुए
कागज़ी समाजों की
बहुरंगी छाया में
बार-बार मुरझाया
जीवन का बिरवा।

(26.01.60)

एक शुभचिंतक

एक दिन
मानव और मानवता के
एक शुभचिंतक ने
कहा उत्साह से,
आंधी में उड़ते हुए
सूखे पत्ते-सी भावना के वेग से-
कि 'आज के मुर्दे
दफ़नाए नहीं जाएंगे
क्योंकि जिंदा आदमी की
उपयोगिता ने आज
मशीनों के भारी
पहियों के नीचे दबकर
दम तोड़ दिया है,
किंतु कोई चिंता नहीं
मैं अपनी फुलवारी के लिए
उसकी सड़ती लाशों की
खाद बनाकर उसे-
पुनः उपयोगी होने का
सौभाग्य प्रदान कर दूंगा।'
यह सुनकर
एक बार मुर्दे भी
सिहर उठे।

(22.01.60)

एक मुक्तक

यहां उमंगें
घर की दीवारों में सिमटकर
घुट जाती हैं।
सड़कों में फैलकर-
लुट जाती हैं
और
बागों में बहारों की छुरी से
आत्महत्या कर लेती हैं-
यही तो दुनिया है।

(22.01.60)

हाट

(एक)

आइए श्रीमान!
यह तो एक हाट है,
कुछ भी खरीदिए
रूप भी, यौवन भी,
यौवन का उपवन भी
उपवन की हर कली
यहां पर बिकाऊ है-
थोड़े-से दामों में।

(दो)

आइए, दयानिधान!
यह तो एक हाट है
कुछ भी खरीदिए-
मास भी, मज्जा भी
खून भी, हड्डी भी
हड्डी का ढांचा भी
जिस पर श्रम की
भूख की घिनौनी
अंतड़ियां लिपटी हैं
यहां पर बिकाऊ है-
थोड़ी-सी रोटी में
दो गज़ लंगोटी में।

(तीन)

आइए माई बाप!
यह तो एक हाट है
कुछ भी खरीदिए-
सबसे अधिक सुंदर-सी
सबसे अधिक सस्ती-सी
बेबस इंसान की-
ईश्वर महान की
जिंदगी बिकाऊ है-
धोखे भरी बातें में।

(चार)

ठहरिए श्रीमान!
ठहरिए दयानिधान!!
ठहरिए माई बाप!!!
जो भी यहां आता है
बिकने को आता है-
यह तो एक हाट है
कान खोल सुनिए कि
आप भी बिकाऊ हैं
अपनी ही भूलों में।
यहां के स्थायी ग्राहक-
बुढ़ापा, रोग और मृत्यु
मिलकर खरीदेंगे
बांटकर खाएंगे।

(22.01.60)

इनसे मिलिये

(एक)

ठेलों पर ठेले लादकर
जो माल जा रहा–
इनका ही है।
डिब्बे पर डिब्बे भरकर
जो माल आ रहा–
इनका ही है।
आदमी की मेहनत का फल
इनका बंदी है।
चार कोठियां इनकी बम्बई में,
दो दिल्ली में
तीन लखनऊ में हैं।
कारों की संख्या भी
इतनी ही सुनते हैं
इनसे मिलिए
त्यागी जी हैं।

(दो)

सारा कमरा महक रहा है–
जैसे इत्र बेचने वाले की दुकान हो

सजी–बजी युवतियां
कि जिनके हाथों की मेंहदी गीली है,
मुस्कानों का असर–

स्पूतनिक की तेज़ी से भी ज्यादा है,
सेवारत हैं।
शुद्ध रेशमी वस्त्र पहनते
भोजन!
जिसके दर्शन भी हमको दुर्लभ हैं
इन्हें सुलभ हैं
और पानी की जगह-
खालिस अंगूरों का रस पीते हैं-
इनसे मिलिए-
गोस्वामी हैं!

(तीन)

खद्दर का कुर्ता, धोती, टोपी
और गांधी आश्रम की चप्पल
नाटा कद,
भरकम शरीर
कारों पर चलते।
गोली चली तो गोल हो गए,
बातें चलीं तो सबसे आगे,
इनसे मिलिए-
जनसेवक हैं
नेता जी हैं

(चार)

नहीं कर सके खुद जीवन में नए काम कुछ
और दूसरों के कामों को देख न सकते-
जल जाते हैं।
नाक नहीं रख पाये अपनी सही सलामत
तो बोले-
दुनिया में सबसे बुरी नाक है।
ठहरो पैना लूं मैं पहले-

अपनी घिसी बुद्धि का चाकू
तो सबकी नाकें तराशकर
सारी दुनिया को ठीक करूंगा!
बड़े विकट हैं-
इसे मिलिये
आलोचक हैं।

(पांच)

लेखक हैं, कवि हैं
खींच नाक का इकतारा
गा भी लेते हैं गायक भी हैं।
लड़कों से बातें करने में अनखाते हैं-
और लड़कियों के आगे-
झुक झुक जाते, मुस्काते
नाटक करते हैं, नायक भी हैं।
अगर जरूरत पड़े आपको-
चिल्ल-चीख की,
इन्हें बुला लीजिए शौक से
नायक भी हैं
बहुरंगी हैं, बहुरुपिया हैं
इनसे मिलिये-
कलाकार हैं।

(08.01.60)

मरघट की आवाज़

एक रात-
व्याकुल नदिया के एक किनारे
मैं बैठा था,
देख रहा था-
लहरों का उमंग से उठना,
हंसकर बढ़ना
और किनारे से टकराकर
गश खाकर गिरना, मर जाना।
तभी हवा के बर्फीले हाथों ने मुझको
सूखे पत्ते-सा झकझोरा,
और सिसकने की आवाजें उठीं कहीं से,
वह आवाजें ऐसी थीं-
जैसे कोई
पत्थर की चट्टानों के नीचे दबकर
दम तोड़ रहा हो।
मेरा मन भर आया-
आखिर कवि का मन था।
जाकर देखा
मरघट पर
अधजली चिता के पास
खड़ी थीं कुछ छायाएं।
मैंने पूछा, 'कौन?'
और वे हिलीं
एक आगे बढ़कर बोली-
'मैं मनु की आत्मा हूं।'

'ये सब?'
'ये भी आत्मायें हैं!'
'आप रो रहे हैं, क्यों?'
'यूं ही, लेकिन तुम हो कौन?'
'एक मानव, कवि।'
'अच्छा तब तुम सुन सकते हो-
लेकिन तुम्हें कसम है-
जाकर कह देना अपने भैयों से-
यह अंतिम संदेश हमारे।'
बोले मनु- 'यह मानव,
मेरा बेटा मानव!
एक ओर मर रहा भूख से-
तड़प-तड़प कर
घूम रहा नंगा चलती-फिरती लाशों-सा
और दूसरी ओर दूसरा
चूस-चूस कर खून भर रहा तिजोरियों में
मेरी बेटी मनुस्मृति थी-
आंखें फोड़,
जलाया जिंदा बुढ़िया कहकर।'
और एक नि:श्वास छोड़कर बोले-
'ये हैं बुद्ध, मुहम्मद, ईसा
प्रताप और आजाद, गांधी।'
बोले बुद्ध- 'क्या कहूं भाई-
आज चीन ने-
मेरे प्यारे भक्त चीन ने
मेरी शिक्षायें ठुकराकर
अपने आदर्शों के मुंह पर थूक दिया है।'
कहा मुहम्मद ने-
'उफ़, ये क्या?
बुला रहा इंसान कयामत जान-बूझकर
पाक खुदा के बंदे मेरे ही मज़हब को
मुर्गी के संग काट-काट कर-

लेकिन गला भर गया
एक बार चूमा सलीब, देखा अम्बर
पलकों की फांसी पर आंसू लटक गए-
कुछ बोल न पाए।
'मैं प्रताप की आत्मा हूं
अफसोस कि मेरे वंशज ये भारतवासी
कायर निकले।
मैं जिस धरती के लिए आग से खेला था,
मैंने जिस हद के लिए मौत ललकारी थी
ये आज उसी की छोड़ छिपाने कायरता-
कहते हैं भाई शान्त रहो।
सच पूछो तो-
मेरी कलार, तलवार और मेरा भाला
मर गया आज विष खाकर लज्जा के मारे।'
बोला तब आज़ाद कि-
'शायद आज जवानी दफ़न हो गयी।
किन्तु ढूंढना यदि जवान कोई मिल जाए
और नसों में जिसके पानी नहीं भरा हो-
खून भरा हो।
उससे कहना- आज देश की लाज
उसी के हाथों में हैं।'
तभी अंतिम छाया या आत्मा
गांधी जी की हिली-
और अधरों की शैया पर हिचकी ले-
एक क्षीण मुस्कान सो गई।
बोले- 'मैं क्या दूं संदेश
या उपदेश खून खौलाने वाले-
मैं बुड्ढा हूं।
मैं तो केवल इतना सोच रहा हूं
जब मानव-मानव का खून करेगा,
युद्ध छिड़ेगा, बम बर्षेंगे-
और स्वयं अपने हाथों बारूद बिछाकर

मर जायेगी सारी दुनिया-
तब मानव की नंगी, अधजली हुई
सड़ती लाशों का क्या होगा?'
और तभी सब छायायें मिट गयीं वहीं पर
लेकिन उस मरघट की अधजली चिता से-
यह आवाज़ लौट आई कि-
'मानव की अधजली हुई-
सड़ती लाशों का क्या होगा?'

(07.01.60)

शायद तुम रो रहे थे

भोर के वक्त
दगाबाज शबनम से सतायी गयी
गुलाब की भीगी पंखुड़ियों-सी
तुम्हारी पलकें गीली हैं
शायद तुम रो रहे थे।
बर्फीली रात में
अंधेरे की खौफनाक रस्सी से लटककर
तुम्हारी बेआवाज़ तमन्ना ने
खुदकुशी कर ली है-
शायद तुम रो रहे थे।
अभी-अभी एक जवान लहर
संगदिल किनारे पर पछाड़ खाकर
चीखती, कांपती लौट गयी है
अभी-अभी टूटे पंख वाले कबूतर की तरह
तुम्हारी घायल आवाज़
बेरहम आकाश के
काले दिल से टकराकर
धरती पर लौट आयी है।
अभी-अभी तुम्हारी सर्द सांस
किसी की मुंह पर लगे काले दाग-सी
उभर आई है,
शायद तुम रो रहे थे।
रोओ मत-
अब वक्त आ गया है-
रात की नापाक ज़बान रूठने लगी है

पूरब में भौर की सुहागन बेटी का
डोला उठ गया है
अब तो मुस्करा दो-
शायद तुम रा रहे थे।

(01.01.60)

नया वर्ष

शायद नया वर्ष आ गया है
तारों की झपकती हुई आंखों के
एक कोने से
टप-टप टपकती हुई शबनम की तरह
मेरी आंख भर आई है।
शायद नया वर्ष आ गया है।
आसमान के खोखले दिल को
कंपाती हुई बेदर्द हवा
उदास पेड़ों की मुर्दा पत्तियों की
पीली लाशों को कुचलने लगी है
शायद नया वर्ष आ गया है।
शाम को थककर मुंह के बल गिरते हुए
अवारा सूरज में
राम के अंधेरे ने लात मार दी है।
सन्नाटे में सिसकती हुई विधवा राहें
आदमी की ज्यादती
और खुदगर्जी की कहानी कह रही हैं-
शायद नया वर्ष आ गया है।
मेरी उम्मीदों की क्वारी बेटी ने
उजेले के बलात्कारी इरादों से
तंग आकर वक्त के अंधेरे बियाबान में
समाज के पत्थर से सर पटककर
दम तोड़ दिया है।
शायद नया वर्ष आ गया है।

(01.01.60)

विवशता

उदास था दीपक
पतंगी खामोश थी
तभी निसारे की हवा ने आवाज़ दी-
'सावधान!'
दोनों सिहर गए।
पूरी हुई बाती के
हिलते अधरों से
दीपक ने कहा-
'प्रिये! मौत एक मोड़ है-
जिंदगी की राह की।
मंजिल को छोड़कर
राह के प्यारे कहो
कभी तो मिलेंगे ही
चलते-चलते सहसा।'
और फिर सिमटकर-
अपने में खो गया।
पतंगी की सूनी-
आंखों से आंसू
ढुलक पड़े ओस बन
धरती की बेकश छाती पर
और एक आहभर-
पलक बंद कर लिए।

(14.07.56, कानपुर)

ज्ञानोदय

सूरज की एक किरन
फूटकर बिखर गई
सेमर के फूल-सी
दुनिया की हर चीज़
दिखाई देने लगी
साँप की केंचुली-सी
साफ-साफ चमकती।
दिल में आया कि 'इसे
प्यार लूं- दुलार लूं।'
भुजाओं में मेटा तो
गर्द का गुबार था।
रह गये सिसकते अरमान
आंख दुखनी-सी
सांपिन की रीगन-सी
राह सरकती गई।
सपने धुंधला गये, भावना रूठ गई
कल्पना के पंखों पर
स्याही-सी पुत गई
फिर भी न सूझ पड़ी
मंजिल की छाया तक
तभी सहसा कहीं से आवाज़ हुई-
'रो मत बटोही!
छलना है, यह छलना है।
मंजिल विश्राम हुई
विश्राम मौत है

जिंदगी का सत्य एक
चलना ही चलना है
तभी हुआ ज्ञानोदय।
सूरज की प्रथम किरन
फूटकर फैल गई
रस भरी गगरी-सी
सत्य की डगर पर।

(01.06.56, कानपुर)

भय और साहस

सांझ से डरता नहीं हूं
भय नहीं है रात आयेगी-
भयानक केश खोले।
दुराश की झाड़ियां
कांटे चुभो देंगी
अंधेरे में सिमटकर,
पर नहीं वे जानतीं
कि जिंदगी उनकी
मेरे हाथों में है।
भूल से डरता नहीं
चिंता नहीं है-
राह छिप-छिपकर मुझे
देगी भुलावा
पर नहीं वह जानती-
पदचिन्ह मेरे
सैकड़ों राहें बनाना जानते हैं।

(16.09.58, लखनऊ)

तूफान

तूफान!
तुम नहीं कर सकते
सृष्टि नये जीवों की
तुम नहीं कर सकते
सृष्टि नये भावों की
तुम बेकार हो
इसलिए त्याज्य हो तूफान!
तुम नहीं रोक सकते
प्राणों की धड़कन को
तुम नहीं रोक सकते
गति सच्चे राही की।
तुम कमजोर हो
इसलिए क्षम्य हो तूफान!
तुम नहीं सह सकते
बाढ़ अत्याचारों की
तुम क्रांतिचेता हो
इसलिए पूज्य हो!

(16.09.58, लखनऊ)

भाव तुम्हारे!

भाव तुम्हारे
समझ न पाया
यद्यपि किए प्रयत्न हज़ारों।
हास्य तुम्हारा
जैसे अम्बर में चुपके से
हल्की लाल वार्निश वाले
उषा-कपाट खोल धीरे
रवि-राशिजाल का
छितना जाना
लज्जा के अवगुंठन में
सिकुड़े-सिमटे अधरों का कम्पन
संयत भाषण
जैसे संध्या का शर्मीला एक इशारा
धरती के उदास मन को छू
अम्बर के नीले आंचल में
छुप जाता है मौन तुम्हारा
रामबाण है, आकर्षण है
और एक भ्रम-सृष्टा भी है
क्योंकि तुम्हारी
मन की भाषा पर
छाया-सी कर लेटा है
इसीलिए मैं
समझ न पाया
भाव तुम्हारे।

(10.03.59, लखनऊ)

पैगाम

पैमाग देना है-
पीर, पैगम्बर, अवतार
सब कह गये हैं।
बकना इसीलिए कि
तुमने उसे नहीं सुना,
सुना भी तो नहीं किया।
ठीक भी है-
करने से मौज कहां आती ये
भोग कहां मिलते ये
चूसने के, ठगने के
पुरखों से भगने के
योग कहां मिलते ये!
ठीक है इन्हीं के लिए
उठाओ तलवार, बन्दूक इब्सां की गर्दन पर
इंसानियत के सफेद-
पाक दामन पर
धब्बे लगा दो
लाल-लाल गाढ़े खून के।
लेकिन यह सब करते समय
इतना बस सोच लेना
कि 'तुम भी इंसान हो'
इतना ही करना है-
पैगाम देना है।

(07.09.58)

(मुहम्मद साहब के जन्म दिवस पर लखनऊ विश्वविद्यालय में पाठ)

जीत

कोई रंग और रंगबाज़ी पर
अकड़ता है,
तभी कोई चालबाज
सबकी नज़र बचा
हाथों की सफाई दिखा
ताशों की गड्डी से
ट्रेल बना लेता है
और जीत जाता है
साथ ही सबसे ऑनर भी पाता है
हारकर भी वही ब्लाइंड,
वही ब्लफ,
वही रन और रन लड़ते हैं
शायद अब की ही
कोई दांव फंस जाये
पर जीत तो हमेशा
चालबाजों की होती है।

(07.11.60, लखनऊ)

दीप जलाओ

दीप जलाओ-
किन्तु स्नेह और बाती ऐसी हो
जिसके जलते-जलते
भोर हो जाये-
जिससे रात्रि का कल्मष
मुँह छुपाये ही रहे।
दीप जलाओ-
किंतु श्वासों के, धड़कन के
जिनके बुझने के पूर्व
प्राणों की दुनिया में
शोर हो जाये
जिससे
आदमी के मन का चोर
कुछ भी न कर सके-
दीप जलाओ।

(दीपावली, 1959)

गीत : एक

पासहारा किसी गीत का
कल्पना भी अमर हो गई।
गूंजने भोर के चाय से
बेकली पी गली मौन है।
पी मधुर छन्द-सी गंध को
बाग की हर कली मौन है।
जल रहा है दिया इसलिये
डर अंधेरा न रोने लगे।
इसलिये चल रही साँस है-
हर बसेरा न रोने लगे।
पा सहारा मनोनीत का-
अर्चना भी अमर हो गई।

भावना ने किसे कब छला
साधना ही अधूरी रही।
जिंदगी के लिए लक्ष्य से-
एक दूरी जरूरी रहीं।
जब बजी दर्द की बाँसुरी
तो हमें मुस्कराना पड़ा।
आँसुओं की प्रगति रुक सके
इसलिये गीत गाना पड़ा।
पा सहारा नई जीत का
सर्जना भी अमर हो गई।
रात ने मुस्करा के कहा-
'आ सुलाकर तुझे शांति दूं'

भोर ने जगमगा के कहा–
'आ तुझे शक्ति दूं, क्रांति दूं'
बस इसी द्वंद्व में जिंदगी
बेबसी–सी लिये छल गई।
मृत्यु की आग में उम्र की–
कागजी चेतना जल गई।
पा सहारा किसी मीत का
सर्जना भी अमर हो गई।

(14.11.60)

गीत : दो

प्राण इस मजार पर तुम दिया उजार दो
मै जली बहार की आरती उतार दूं।
ये कली गुलाब की
फिर न मुस्कायेगी।
चांद की किरन सदा
नाच भी न पायेगी।
हर कदम थका हुआ
हर डगर उदास है
हर जुबान बेसदा
आस बदहवास है
श्वांस है रुकी-रुकी
हर नजर झुकी-झुकी।
प्राण तुम झुकी नजर को नया श्रृंगार दो
मैं उदास राह की मांग को संवार दूं।
डाल-डाल जल गई
पात की खबर नहीं
दिन गुजर गया मगर
रात की खबर नहीं।
बंद है अधर-अधर बेसबूटियां पिये।
हर समीप चल रहा आज दूरियां लिये।
प्राण हैं घुटे-घुटे
अश्रु हैं लुटे-लुटे
प्राण तुम लुटे हुए अश्रु को दुलार दो।
मैं समीप से बंधी दूरियां निवार दूं।

(1 जनवरी, 1958, कानपुर)

रूप और प्रेम

रूप,
जाड़े का सूरज
जो उठाने पर सुख देता है
और ढलने पर दुख।
यौवन,
बड़प्पन का झंगोला पहने-
एक जिद्दी नासमझ बच्चा,
जो चांद-तारे पाने के लिये-
मचलता है
और न मिलने पर
रोते-रोते सो जाता है।
प्रेम,
एक मोहक सपना
जो सोने पर दिखाई देता है
जगने पर छिप जाता है।
अथवा-
कच्चे रंगों का गीला सुंदर चित्र
जो छूने पर दगीला
और न छूने पर
सूखकर मटीला हो जाता है।

(05.12.60)

तथाकथित भक्ति और भगवान

भक्ति :
गहरी घुंटी भंग की
गाढ़ी ठंडाई,
जिसे पीकर आदमी
जागते हुए भी सपने देखता है
उसकी बोझिल पलकों में
इच्छायें सिद्धि बनकर नाचती हैं
और वह स्वयं को
लेटे होने पर भी
आकाश में उड़ता हुआ
अनुभव करता है।
और भगवान :
उस भक्ति भंग के नशे का
एक निकम्मा आनंद
जो बेहोशी की समाधि में
आता है
और अपने भक्तों को
दायित्व के दुख से
बहलाने की युक्ति दे जाता है।

(10.12.60)

विश्व प्रेम

विश्व प्रेम :
स्वार्थों की मशीनों पर
नेताओं के कारखाने में
नये ढंग से तैयार कराया हुआ
देसी माल
जिसे बातों या
कोरे सिद्धांतों के
रेशमी पैकेटों में
विदेशी लेबल चिपकाकर
बंद कर दिया गया है,
जिसे अधिक यश के
ऊंचे दामों पर बिक सके
अथवा-
विश्व जनता की
विद्वेष-भूख को शांत करने वाली
रोटी का विज्ञापन-
जो अभी पकी नहीं,
लेकिन वर्षों से
कुछ घरों में उसकी खुशबू बनी है।

(10.12.60)

आशा और विश्वास

आशा:
एक गरीब, भूखे भिखारी के
फटे कुर्ते की जेब में पड़ा निरोला
जैसे किसी दाता का दिया
सौ रुपये का असली चेक
जो अभी भुनने की प्रतीक्षा में है
लेकिन यदि उसे
चोरी के झूठे आरोप में
जेल न जाना पड़ा-
तो भुन जायेगा।
विश्वास:
नींव का पत्थर
जो सारे मकान को
साधे रहता है
रूढ़ियों की तरह
किसी देहाती परिवार का
एक मोटा गर्म कोट-
जिसे अभी तक
कई पीढ़ियों ने पहना है
और आगे की
कई पीढ़ियां पहनेंगी।

(10.12.60)

अब जीवन का प्रह्लाद न जलने पायेगा

आहों की जंग लगी पिचकारी लिये दर्द
है खेल रहा होली सूने गलियारों में।
छिटका है रंग आंसुओं का दीवालों पर
उड़ रहा उदासी का अबीर बाजारों में।
मानवता राधा लिये सिसकियों का गुलाल
है ढूंढ रही विश्वासों के सांवरिया को।
लेकिन वह ले गदराई फलियों की डाली
सो रहा ओढ़ अंधियारे की कांवरिया को।
मैं देख रहा हूं शांति जल रही मरघट पर
दम तोड़ रहा है सत्य न्याय की कारा में।
इतिहास रो रहा है पौरुष की लाशों पर
बह रही जिंदगी महानाश के धारा में।
बेशर्म इरादों के बटमारों ने लूटा
भोली सांसों का बंजारा छल के वन में।
पड़ गया आज भूखी कंगाली की तुषार
मानव की आशा के अनमहके नंदन में।
ऐटम का पगलाया बेटा कहता है, 'मैं-
खेतों में महाध्वंस की पौध उगाऊंगा।'
है गरज रहा अभिमानी बारूदी बादल-
'मैं हरी फसल पर अंगारे बरसाऊंगा।
विज्ञान गा रहा समय बीन पर मृत्यु गीत
युद्धों के अंधे-बहरे नाग नचाने को।
बढ़ रहे नियति के क्रूर हाथ अंधियारे में
भोली-भाली दुनिया का गला दबाने को।
बन गई जवानी आज ओस की एक बूंद

है चाट रही जिसको सांपिन-सी मजबूरी।
ईमान बंध गया सोने की जंजीरों में
बढ़ती जाती अपनों से अपनों की दूरी।
झीने बादल की कोरों की झुर्रियां पड़ा
कुम्हलाया बूढ़ी संध्या का पीला चेहरा।
वह तम का विष पीते अधरों के अम्बर पर
है तारों में जलती खामोशी का पहरा।
धरती पर नई सभ्यता की फीकी मशाल
रोशनी नहीं दे पाती धुआँ उड़ाती है।
उगता है चांद लिये दिल के काले निशान
चांदनी व्यर्थ बदनामी गले लगाती है।
फूलों की बगिया बनी मजारों का मेला
कलियों की महक जहां दफनायी जाती है।
कुछ ऐसी बही हवा दुनिया के आंगन में
खुद नज़र हमारी हमसे ही शरमाती है।
मैं देख रहा हूं यह दुर्दिन का दशकन्धर
फिर खुशियों की सीता को हरने आया है।
यह सोने का मारीच बना मायावी मृग
धोखे की नयी छलांगे भरने आया है।
क्या आज क्रांति का राम न धीरज छोड़ेगा
क्या पौरुष का लक्ष्मण यूं ही मर जायेगा!
क्या वाल्मीकी की कलम कुर्क हो जाएगी
क्या संयम का हनुमान न जोर दिखायेगा।
मैं पूछ रहा हूं अगर ध्वंस की आग जली
तो मंदिर का भगवान कहां पर सोयेगा!
जब धरती बन जायेगी वीरानी का घर
तो बेघर का इंसान कहां पर सोयेगा?
कोलाहल की छाया में पहते हुए नगर
सन्नाटे के प्रेतों का रोना देखेंगे।
सोना उपजाते हुए गांव के हरे खेत
बरबादी का ही पैदा होना देखेंगे।
कोयल का कण्ठ जलेगा अपनी हूकों से

पतझर नाचेगा भरी बहारों के घर में।
क्या गाज गिरेगी बौरायी अमराई पर
गायी जाएगी फाग चिता की हरहट में।
खलिहान सजाएंगे फसलों की अरथी को
पनघट को भूखा सूनापन खा जायेगा।
पायल की रुनझुन, खनक चूड़ियों की लेकर
सिंदूर मांग का अपनी लाश उठाएगा।
क्या आग पेट की बचपन को झुलसाएगी
नीलाम जवानी का होगा चौराहों पर?
सड़ जाएगी मुर्झाई आशा गलियों में
क्या ग्रहण लगेगा हंसती हुई निगाहों पर!
रह रोज सवेरा रोयेगा अंधियारे पर
अंधियारा नये सवेरे पर मुस्कायेगा!
क्या इंसानों की हरी-भरी इस धरती को
संगीतों के पैरों से रौंदा जायेगा!
मैं देख रह हूं आज कला की आंखों में
आने वाले कल की मुर्दानी छायी है।
ऐलोरो और अजन्ता की तसवीरों के
पत्थर दिल में पीड़ा उभार ले आयी है।
उदजन की बंदिश में घुटता देख प्यार
पड़ गई दरारें ताजमहल की छाती पर।
है चार दिए को रही अंधेरे की छाया
जम गये फूल की आंसू जलती बाती पर।
सूखी डालों ने शोर पंछियों का लूटा
दिल ऊब गया चन्दा के साथ सितारों का।
बँसवारी में बज रही तबाही की बंसी
मिल रहा अहिंसा को साया तलवारों का।
धड़कन की बेटी लाचारी के घूँघट में
कब तक अभाव के उभरे दाग छिपायेगी।
लज्जा के ताने तोड़ साधना की दुल्हन
क्या मर्यादा की माँग बेचकर खायेगी।
क्या गंगा-जमना की रसबन्ती धारा पर

शासन होगा बालू के रेगिस्तानों का।
क्या हिमगिरि के शिखरों पर झंडा फहरेगा
जहरीली गैसों के बागी तूफानों का!
लेकिन मैं इस धरती के मिटने से पहले
इसके हर कण की मांग सजाने आया हूं।
वीराना जवानी की सुनसान घाटियों में
निर्गन्ध चेतना को महकाने आया हूं।
मैं आज किसानों के हल और कुदालों को
देने आया हूं शक्ति अमरता बोने की।
फूंकूंगा नये प्राण सूखे कंकालों में
पा जायेगे दृढ़ता संघर्ष संजोने की।
वे अपने साहस के मजबूत बाजुओं से
इन बरबादी के भूतों पर जय पायेंगे।
इंसान बनेंगे फिर इंसानों के हमदम
घहराये बादल खून नहीं बरसायेंगे।
फूटेगा नया कण्ठ खुशियों के कोयल का
पौरुष का यौवन कभी न ढलने पायेगा।
विध्वंस, तबाही, अनाचार की होली में
अब जीवन का प्रह्लाद न जलने पायेगा।

(24.02.61)
(कंचना, अमीनुद्दौला पार्क, अमीनाबाद, लखनऊ)

सुधियों के पनघट पर

प्राणों की धरती पर चाहत के नीर बिना
बहकी-सी आस्था की लहराती लपटों से
भावों की गदराई फसलें जल जायें तो
मुझको मनुहारों में आवाज़ दे लेना।
गीतों की जीवन-जल-धारा बन आऊंगा
शबनम की सिलवट है फूलों की सेजों पर
कांटों की बंदिश में भंवरों की गुंजन है
शाखों के शिखरों पर किरनों के अंगारे
उषा की बाहों में अलसाया जीवन है।
पश्चिम में अम्बर के सूने से मरघट पर
चन्दा की अर्थी ले चांदनियां जलती हैं
आहों की कसकन ले तारों की धड़कन में
रात के अंधेरे की सांस-सांस गलती है।
और कभी अपने विश्वासों के पाले से
आशा से गन्धवती सपनों की बगिया में
मन की कोमलता की कलियां कुम्हलाएं तो-
सूखती बहारों में आवाज़ दे लेना-
खुशियों का महकता नज़ारा बन आऊंगा।
साधों की राधा ले गागर उच्छवासों की
सुधियों के पनघट पर रात काट देती है।
आंगन की झाड़ी में आस जुगनुओं की
चमक के सहारे बरसात काट देती है।
श्रद्धा की यशुदा के इच्छा के माखन को
समय को कान्ह चोरी-चोरी खा जाता है
कभी ओढ़ सरसों के फूलों का पीताम्बर

अरहर की फलियों की बांसुरी बजाता है।
और तभी खुद को बहलाने की सीमा में
बाँध रखने के लिए मन के तपस्वी को-
दुनिया के मधुबन में राहें छल जायें तो
पास के कछारों में आवाज़ दे लेना-
मंजिल का गूंजता इशारा बन आऊंगा।

(08.04.60, लखनऊ)

चेतना का प्रतीक

जलो
मेरी चेतना के अमर दीपक
जलो।
पीर, कुंठा और मिथ्या अहं के
कलुषित धुएं को छोड़
स्वस्थ कर
बीमार, पीली आस्था की
डगमगाती ज्योति,
साथ अपने
आदमी के हृदय की
कमजोरियों की धूल लेकर-
घुमड़ती दुर्वासनाओं की
अंधेरी आंधियों से व्याप्त
ईर्ष्या, द्वेष, स्वार्थों की निशा में
छल सको तो
आह की स्याही समेटे
अविश्वासों के तिमिर को
छलो।
या किसी
अनजान भोली
बाल विधवा युवति की
सूनी सिसकती मांग-सी
बोझिल डगर में
नयी बदली मान्यताओं के
समर्थक-
एक उत्साही युवक की तरह

सिन्दुरी प्रकाश भरकर
ढल सका तो
प्यार की किरणें संवारे
ज्ञान के निस्सीम सूरज में
ढलो!
जलो,
मेरी चेतना के अमर दीपक
जलो।

(09.04.61)

मैं शून्य हूं

अभी-अभी
सूरज नाम का एक जिद्दी,
नासमझ और गुस्सैल लड़का
दिनभर मेरी छाती पर अंगारे उछालकर
मेरा रोम-रोम झुलसाकर
किसी मनचले आवारा की तरह
संध्या नाम की
उदास, पीले चेहरे वाली
एक लड़की के पीछे भाग गया है।
अभी-अभी
एक भीगे, काले कुत्ते-सा बादल
मेरी छाती पर से-
व्यर्थ भूंकता
चंचल, आँखें चमकाता
झुरझुरी लेता
और लार टपकाता हुआ-
उसी आवारा सूरज के
पीछे-पीछे चला गया है।
अभी-अभी
दिन भर अंगारों से झुलसी-
मेरी छाती पर
तारों के रूप में झिलमिलाते
छालों को कुचलता हुआ
श्वेत कुष्ट के रोगी-सा
चांद निकल आया है।
लेकिन मेरे दोस्त!

मुझे किसी से शिकायत नहीं
न उस आवारा लड़के से
न पागल कुत्ते से
और न इस कुष्ट रोगी से।
मैंने जमाना देखा है,
मैं जानता हूं-
कि पीड़ा जमाने की
मौलिक अभिव्यक्ति है-
एक सहज सत्य।
और संकुचित सहनशीलता की रस्सियों में
पीड़ा का बरबस बंधन ही सुख है-
एक कृत्रिम सुख!
मैं इन दुख-सुखों से परे हूं
क्योंकि-
सब कुछ सहकर भी
मेरी व्यापकता और विशालता में
संकुचन नहीं आ पाया।
मैं महज शून्य हूं
एक अखण्ड शून्य।

(01.05.61)

अंधे को कुछ मिल जाये बाबा

ओ मेरे देशज समाज!
तुम अंधे तो नहीं
और न अपाहिज ही
फिर इस तरह
मर्यादा की कमर झुका,
ज्ञान की अविकृत
तेजमयी आंखों पर
अज्ञान के गोंद से चिपके हुए
मुर्खता के पलक गिरा
और एक हाथ से
अकर्मण्यता के कुबड़े-से
डंडे का सहारा ले,
दूसरे हाथ में
वर्जित दैन्य के
अल्यूनियम का कटोरा थाम,
अपने घर की पूर्ण समाप्ति को
चुपके से
तिजोरी की गाँठ में बाँधकर
और-
पराये द्वारों पर खड़े चिल्लाकर
ऐसे क्यों मांगते हो-
कि 'अंधे को कुछ मिल जाये बाबा'
मेरे मित्र!
जब तक तुम
श्रम के,
आत्मविश्वास के,

बुद्धि के-
और ज्ञान गरिमा के
शुभ सतियों से पुरी
अपनी दहलीज़ पर
लौट नहीं आओगे,
कुछ भी न पाओगे,
दूसरों के द्वारों पर
ऐसे ही चिल्लाकर
व्यर्थ मर जाओगे-
कि 'अंधे को कुछ मिल जाये बाबा'।

(29.10.61)

महाभारत का जन्म

इस नई सुबह की नई किरन का कैसे वंदन हो
जबकि मुझे हर नजर रात भर रोयी लगती है।
विश्वासों के घर धोखे का पहरा,
दिन के आंगन में अंधकार गहरा।
माली ने बगिया का सुहाग लूटा,
अम्बर पर बारूदी बादल घहरा।
हर सुबह चांद के दाम मिटाती है,
हर शामनई बदनामी लाती है।
हर रात मातमी छाया-सी बनकर-
धरती के चेहरे पर छा जाती है।
भावना अभावों के घर बंदी है,
सच पर न बोलने की पाबंदी है।
इस नई पौध की नई उगन में कैसे जीवन हो,
जबकि मुझे हर उमर आग पर सोयी लगती है।
क्या खूब जिंदगी की पहुनाई है,
वीरानी सेज बिछाने आई है।
पतझर क्यों दोषी, जबकि बहारों ने-
कलियों के दिल पर गाज गिराई है।
खुदगर्जी का परिवार बढ़ रहा है
नकली पर असली रंग चढ़ रहा है।
मैं देख रहा हूं आज मज़ारों का-
इंसान स्वयं इतिहास गढ़ रहा है।
की समय-पवन ने क्या नादानी है,
बन गई तमाशा भरी जवानी है।
इस नई प्रगति के नये चरण का क्या अभिनंदन हो,
जबकि मुझे हर डगर जगह से धोयी लगती है।

(01.01.61)

मुझे पड़ा रहने दो

मैं लहरों के बीच पड़ा हूं
मुझे पड़ा रहने दो।
मेरे चारों ओर
कुछ स्पष्ट और कुछ धुँधली
अनगिन परछाइयां तैर रही हैं
मैं उन्हें पकड़कर तैरना चाहता हूं
लेकिन पकड़ नहीं पाता।
मेरे नीचे अथाह गहराइयाँ हैं
मैं उन्हें दबाकर उछलना चाहता हूं,
लेकिन दबा नहीं पाता।
मेरे सामने दृष्टि के पार तक
फैली हुई तन्हाइयाँ हैं,
मैं उनसे गले मिलना चाहता हूं,
वे गला काटने लगती हैं-
इसलिए मिल नहीं पाता।
अब मैं अपनी जिंदगी को-
परछाइयों, गहराइयों, तन्हाइयों
के सहारे नहीं-
सिर्फ जिंदगी के सहारे पार करूंगा
एक भीगी किंतु जलती हुई
ज़िंदगी के सहारे।
मैं लहरों के बीच में पड़ा हूं,
मुझे पड़ा रहने दो।

(02.03.61)

पहली अप्रैल

ओ पहली अप्रैल
विश्व में मूर्खों की मां
या क्षणभर में
भोले-भाले इंसानों को-
उल्लू, गधा
और आने क्या-क्या
कर देने वाली-
जादू की कोई लकड़ी हो।
अथवा
कोई सदा सुहागिन,
सदा कुमारी,
रति भी जिसके आगे-
कुबड़ी-सी लगती हो-
ऐसी सुंदर
एक मनचली-
नगरबधू-सी वैशाली की
या कि कहाँ की?
पता नहीं कुछ,
आकर चुपके बैठ गई हो
दुनिया के कॉफी हाउस में।
जिधर उठायी दृष्टि-
बिजलियाँ गिरीं टूटकर-
(उर्दू शायर की भाषा में)
और जुड़ गई भीड़-
आह भरने वालों की,
कायर नहीं, बहादुर-

दिन में सौ-सौ नहीं-
हजारों, लाखों और करोड़ों बार-
बेमरे-
बातों में मरने वालों की।
कॉफी, चाय, समोसा, बिस्कुट
मक्खन-टोस्ट और भी जो कुछ
मिल सकता था उस दुकान में
सब मंगवाया,
और चुकाया बिल
बातों में मरने वालों की जेबों से
और वहीं से-
सौ रुपये का नोट दिया
बैरे को टिप में,
नहीं भूल की ले लेने में-
नकद किराया
घर जाने तक का भी उनसे
और कहा मुस्काकर-
'मित्रो, देर हो गई,
'अच्छा, टा-टा'
फिर आऊँगी
एक साल के बाद
नया सरकारी साल शुरू होने पर।'

(29.03.61)

अतीत

सुना है,
बहुत पहले
किसी हातिम नाम के
इंसान ने-
कुछ सवालों का जवाब पाया था।
एक था उनमें-
कि 'क्या है वह, जिसे-
एक बार देखकर-
फिर देखने की कामना है?'
प्राप्त कर उत्तर-
हंसा हातिम,
हंस वे कृतज्ञता से
अश्रुपूरित दो कुमारे नयन-
परदे में सिसकती
शाप-खिन्ना
एक नारी के।
क्योंकि उसके
प्रेम-पथा का
एक रोड़ा हट गया था,
या अभीप्सित लक्ष्य का
व्यवधान किंचित घट गया था।
सैकड़ों आशीर्वचनों का
हुआ था घोष
हातिम के लिए
सैंकड़ों, लाखों भुजायें
उठ गई थीं

मेटने वह गात।
मर गया हातिम,
मगर वह प्रश्न जीता ही रहा।
एक दिन चुपके,
अयाचित,
सामने मेरे उपस्थित हो,
लगा फिर माँगने उत्तर स्वयं का।
डर गया मैं प्रथम,
कैसे आ गया यह-
खोदकर वह कब्र
जिसमें
बहुत पहले
अरब के संतप्त रेगिस्तान ने
दफना दिया था।
तभी मेरे तप्त अंतस में
उठी पीड़ा, हुआ विस्फोट का गर्जन,
प्रकम्पित हो गई वसुधा हृदय की।
उठीं कुछ धूल धूसित
नग्न छायाएं,
लगीं विक्षिप्त-सी हँसने,
सिसकने और कहने-
कि 'जैसे हमें तुमने-
निराशा की तप्त रेगिस्तान जैसी-
धूल के नीचे,
बहुत नीचे-
हृदय की इस
अचेतन गहनता की
कब्र में दफ़ना दिया था
किन्तु फिर भी-
खोदकर वह कब्र
सम्मुख हैं तुम्हारे।
ठीक ऐसे ही

समझ लो प्रश्न यह भी,
अब तुम्हें
उत्तर बताना ही पड़ेगा।'
और उस क्षण
एक मूर्छित-सी
सजल मुस्कान
मेरे अधर पर जागी,
शून्य से मिलने लगे-
नि:शब्द, संज्ञाहीन-
मेरे स्वर-
'अरे, ओ दिग्वसन,
निभ्रान्त, सतरंगे, मनोहर,
एक पावस-धनुष से-
सुखमय, सुहावन-
एक मेरे स्वप्नभूत अतीत-
तुमको देखकर
फिर देखने की कामना है।'
और फैलायी भुजायें
फिर हुआ विस्फोट-वह,
जिसमें सिमटकर-
खो गया वह प्रश्न,
वे सब नग्न छायाएं स्मृति की-
हुईं अन्तर्धान।
'मिल गया उत्तर'-
हँसा मैं
और रोया
किन्तु कोई भी
नयन ऐसा नहीं है
जो कि मेरे साथ हँस दे,
या कि रोदे।
एक भी रोड़ा न हो पाया
अभी तक दूर,

चकनाचूर।
एक भी आशीर्वचन
आया न मेरे पास,
केवल शब्द मेरे
लौट आये दिग्भ्रमित से।
शून्य की परिधि
मुझसे भेटने आयी।
आज मेरा ही अतीत
मेरी ही भुजाओं में-
सिमट सो नहीं सकता
और मेरे हृदय पर-
व्यामोह के यह दाग़-
जो उसने बनाये हैं,
उन्हें भी धो नहीं सकता।

असूर्यम्पश्या

राजदारा, असूर्यम्पश्या होती थी।
मेरी कोठरी असूर्यम्पश्या है-
इसलिए यह भी एक
राजदारा ही है।
हाँ, हाँ एक राजदारा-
राजा की स्त्री या रानी
कुछ भी कह लीजिए।
मैं एक राजा हूँ
अपनी इस रानी का
किराये का रानी का।
मैं इसे भोगता हूँ
यह मुझे भोगती है,
दोनों एक-दूसरे के द्वारा
उपभुक्त हैं।
भर्तहरि ने जो कुछ कहा-
मैं भी वही कहता हूँ-
'भोगों में रोगों का
भय रहता ही है।'
मैं अभी स्वस्थ हूँ
किन्तु रुग्ण होने में
देर क्या लगती है।
फिर भी मेरे रोगों का
इलाज हो ही जाएगा
खैराती या किसी
बेगारी अस्पताल में।
(राजा के काम बेगार में ही होते हैं)

लेकिन यह बेचारी-
वर्षों से रुग्णा है
(क्योंकि ग्रहीता रानियों को
विजेता राजाओं की
उपभोक्ता होकर भी
रहना ही पड़ता था।)
इसलिए यह भी अधिक
भोगी गई है वर्षों से-
मुझसे पूर्व आने वाले
राजाओं के द्वारा)
एक नहीं, सौ-सौ रोग
इसे घेरे हैं,
और वह-
नितांत ही असाध्य हैं,
निदानहीन।
लोना है गलित कुष्ट
जिसने इसकी ईंटों की
हड्डियां तक गला दी हैं
जर्जरित काय यह-
क्षय से भी पीड़ित है
बार-बार
टूटे घिसे
किवाड़ों का खड़कना ही-
खांसी का शब्द है,
गले हुए, बदबूदार
पलस्तर का टूटकर
गिरना ही कफ़ है।
यही नहीं, सारा शरीर-
खटमल, मच्छर, दीमक आदि
कीड़ों से व्याप्त है।
कभी अधिक पीड़ित हो,
सीलन के खारी-

मटमैले आँसू बहा
चिटकती धन्नियों के
बालों को नोचकर
मानो यह कहती है
अनदेखे प्रभु से,
उलाहने में सिसककर-
'ओ निष्ठुर करुणा निधान,
दीनबंधु, दया सिन्धु,
तुम भी मक्कार हो,
नीच हो, निकम्मे हो
और शायद-
इंसानों से भी कई गुना अधिक
तुम धोखेबाज़ हो।'
मुझको दया आती है-
इसके इन कष्टों पर,
किंतु कोरी दया से
हो ही क्या सकता है?
(ऐसे असाध्य रोगों का
कोई खैराती अस्पताल भी
नहीं है यहां
जहां दिखला सकूं)
और इसे छोड़-
कहीं जा भी नहीं सकता हूँ।
क्योंकि इतने सस्ते में
रानी नहीं मिल सकती।
मैं इस रानी का पूरक हूँ
क्यों इतने सस्ते में
रानी नहीं मिल सकती।
मैं इस रानी का पूरक हूँ
राजा हूँ।
(धन का नहीं, मन का।
इस धन की दुनिया में-

आज मन के राजा की
कीमत क्या होती है,
जबकि धन के राजा भी
राजा नहीं रहे)
मैंने इस रुग्णा का-
प्यार भी देखा है
और देखा रकता हूँ
जब भी मैं आता हूँ-
टूटकर, थककर,
तब यह-
टूटे, घिसे किवाड़ों को
खड़काकर खांसती है
स्वागत में,
प्रस्तुत कर देती है-
सीलन का अश्रु-जल-
पद-प्रक्षालन को।
सच कहता हूँ,
तब दया नहीं आती
सिर्फ क्रोध आता है
मुझे उन राजाओं पर
जो कि उसके यौवन से
खेलकर चले गये,
किन्तु कभी भूलकर भी-
संवारा-सुधारा नहीं,
और इसके पिता पर-
जो कि बेटी बेचकर
उसी धन से जिया स्वयं
किन्तु नहीं ध्यान किया
बेटी के जीवन का।
और फिर मेरे भी
करुणा-सिक्त नेत्रों के
पलक-अधर हिलते ही

आँसू से शब्दहीन
शब्द झर जाते हैं-
'हाय यह बेचारी
मेरी राजदारा-सी
शीलवती, रुग्णा,
असूर्यम्पश्या-
कोठरी।'

पीड़ा का वृक्ष

किवाड़ों पर थाप पड़ी,
मैं चौंक गया-
'शायद तुम आ गये हो'
टूट झिंझरियों से झांका-
'कोई नहीं',
मन की परती ज़मीन पर
पीड़ा का बीज कसमसाया।
रात के अँधेरे में-
सूनी विधवा की कलाई-सी
पास की सड़क को
कुत्तों ने भौंककर काट लिया।
मुझे भ्रम हुआ-
'शायद तुम आ रहे हो,'
किवाड़ों की सांकल खोल दी
और बनकर सो गया,
एक मिनट,
दो मिनट,
पांच मिनट-
और सारी रात
न तुम आये
न नींद,
आंखों के बादल बरस पड़े
पीड़ा का बीज अंखुआ आया।
सूरज की लाड़ली बेटी-
पूरब के झरोखे में

आकर बैठ गई,
कुछ अनदेखे हाथ-
उसकी चिकनी, अछूती
हथेलियों पर
रेशम जैसी कोमल
लाल-लाल सलाखों से
मेंहदी रचने लगे,
पखेरु शहनाई बजाने लगे,
कलियों ने खिलखिलाकर
मार्गों पर
अपनी लजीली मुस्कान के साथ
पराग की स्वास्तिक रोली
और गंध बिछा दी।
मन ने मचलकर कहा-
'तुम आ रहे हो',
मैं झूठ-मूठ कुछ लिखने
में व्यस्त हो गया
लेकिन दिन भर कोई नहीं आया
बेशर्म सांसों की
गर्म हवा चली
पीड़ा का पौधा कांपने लगा।
धूप की पियरायी-
कुछ फटी, कुछ सिकुड़ी पतंग
पेड़ों की ऊंची-ऊंची टहनियां छूती
ऊपर, और ऊपर उड़कर
पर्वत-शिखरों पर
कुछ क्षण रुकी, खड़खड़ाई
और किसी ढलान पर
खिसककर,
न जाने किस खाई-खंदक
या घाटी में गिर गई।
तारों के बच्चे-

आसमान से आंखें फाड़-फाड़कर
उसे ढूंढने निकल आये।
चांद की बुढ़िया
मशाल दिखाने लगी।
उसकी शीतल रौशनी में-
वहां, उस मोड़ पर
आम और मौलसिरी की छायाएं
आपस में गुथ गयीं।
सहसा, कोयल ने कूककर
आशा दिखलाई-
'तुम आओगे'
लेकिन आज तक कोई नहीं आया,
तुम नहीं आये,
तुम नहीं आओगे।
देखो-
पीड़ा का पौधा-
बढ़कर अब पूरा वृक्ष हो गया है,
एक जवान वृक्ष।
उसकी टहनियां-
घनी-घनी नीली पत्तियों,
कांटेदार लाल फूलों
और काले कठोर फलों से
झुक गई हैं।

रोशनी का देश

तेरे दरवाजे पर खड़ा अमलतास–
फूलना भूल गया है,
या कि
तेरी छवि ने
उसकी आगे–पीछे की
कुछ पीढ़ियों के
फूल चुरा लिये हैं।
तेरे कुन्तलों के
घने अंधेरे में
तेरी बगिया के गुलाब की
महक खो गई है।
धूप के पाँव
तेरे आँगन में पड़ते ही
काँपने लगती हैं,
चांदनी तेरी मुंडेर पर
उतरते डरती है।
तू जिस घर में जाता है,
वहां दिए बुझे से लगते हैं।
ओ सलोने,
रोशनी का देश–
तेरा वेष है।

अहम्

(1)

एक परिचयहीन यात्री
साथ मेरे चल रहा है,
कौन है वह
दृष्टि की गर्वित परिधियाँ
एक भीमाकार तम की
अयाचित प्राचीर से टकरा
हुई हैं धार।
कर रहा वह
आज क्यों
तूफान भेदी हास्य से अधिसार,
मेरे पास, मुझ से दूर–
शायद इस तिमिर के पार

(2)

मेरे हाथ में
यह हाथ किसका है?
यह अजन्मा साथ किसका है?
कि जैसे एक संज्ञाहीन,
संज्ञावान्
विश्व के सारे विरोधों का
सहज प्रतिमान–
सूरज

पिघलकर
कुछ संकुचित हो
आज मेरी
गगन-ग्राही मुट्ठियों में
जगमगाया है,
याकि
मेरे एक लघु संकेत पर
ब्रह्मांड सारा थम गया है।
और फिर परिहास!
मुझ से दूर,
मेरे पास।

(3)

घूमती मेरी परिधि में
आज वृत्ताकार
सारी सृष्टि, अंर्तदृष्टि
जिसको घूरती प्रतिक्षण
अजानी या कि जानी-
हर दिशा में
दर्द पीकर, अधर सी कर
जग रही जो शक्ति
अन्श्चेतना की,
शुद्ध मेरी-
आत्मा की आसक्ति
देकर व्याप्ति का मुझको भुलावा
छोड़ती है-
विष बुझे विश्वास,
मुझ से दूर, मेरे पास।

(4)

सातवें आकाश के भी और ऊपर

मैं चढ़ा हूँ।
अपनी प्रबल झंझावात जैसी
भावना का,
किन्तु, फूटे शिखर,
टूटा आसमानी यह सहारा
मैं गिरा पाताल से भी और नीचे-
फिर सुनायी दिया
वह परिहास
एक परिचयहीन साथी का-
सुपरिचित हास,
मुझसे दूर
मेरे पास।
वह जो, भूल पर
सामर्थ्य की अतिरंजना पर
ज्ञान की सर्वांग-
व्यापक-
किन्तु बौनी भावना पर
और अपनी अनकही,
अनछुई, कोरी कल्पिता
स्थापना पर
रहा करता नित्य ही परिहास
मुझ से दूर, मेरे पास
मेरा खोखला विश्वास-
मेरा ही अहम्,
एक मिथ्या अहम्।

मेरा छंद : मेरा गीत

बिखरकर जो
हर दुखी का बन गया विश्वास
जो बना मेरे लिए
हर अश्रु का उच्छ्वास,
एक अनबोली अजानी
आत्मा की गंध-
मेरा छंद।
वेदना के अधर की
जो अनछुई मुस्कान
जग को अभीप्सित दान,
हर अदेखे,
हर अपरिचित-
प्राण का भी मीत-
मेरा गीत।

सत्यम्, शिवम्, सुन्दरम्

सत्यम्-

एक सूख हुआ ठूंठ
जिस पर रंग-बिरंगी
बेलें लिपटी हैं।
बेलें-
जिन पर अमृत फलता है।
अमृत-
जिस पर सांप कुंडली
मारे बैठा है।
सांप-
जिसमें विष पलता है।
विष-
जो हम सब को जला रहा है।
जलन-
जिसे हम जानकर भी
नहीं जान पाये।
जिसमें जीकर भी
नहीं जी पाये
और जिसमें मरकर भी
नहीं मर पाये।

शिवम्-

एक अदेखा घर
जहां पाहुने आयेंगे।
पाहुने-
जिनके हाथ-पैर मिट्टी से सने होंगे।
मिट्टी-

जिसमें सोना फूलेगा।
सोना–
जिससे सिक्के या गहने नहीं,
रोटी बनेगी।
रोटी–
जो जिंदगी देगी।
जिंदगी–
जो समान रूप से सबकी होगी,
सब समान रूप से जिसके होंगे।

सुन्दरम्-

एक हिम–धवल पर्वत–शिखर,
जिस पर सूरज के सतरंगे घोड़ों की
पहली टाप पड़ती है।
टाप–
जिसे सुनकर नींद भागने लगती है
चिड़ियाँ उड़ जाती हैं
कलियों के पाँखुरी–द्वार खोलकर
महक भागने लगती है।
महक–
जो गांवों में जाती है,
शहरों के चक्कर लगाती है,
खेतों–खलिहानों में,
झोंपड़ी–मकानों में भटकती है–
और–
किसी मिल के धुएँ में
खो जाती है।
धुआँ–
जिसमें आदमी जलता है
आदमी–
जो सत्यम्, शिवम्, सुन्दरम्
तीनों ही है।

एक अनुभूति : एक वितृष्णा

एक तिमंजिला मकान
लगता है-
तीसरी मंजिल से
अभी-अभी कोई खांसा है,
खांस रहा है,
खांसता रहेगा,
जब जवाबी खांसी पाने तक,
और मैं खांसने लगता हूँ।
या कि लगता है-
किसी अदृश्य मुडेर की
अस्पर्शिता झिंझारियों से-
हजारों आँखें,
बिलकुल एक सी,
एक ही व्यक्ति की,
झांक रही हैं,
और मैं ऊपर देखने लगता हूँ,
मेरी दृष्टि अपनी ही सीमा में-
खोखले आसमान से टकराकर
लौट आती है।
कभी लगता है-
दो खनकते हाथ,
किसी अजानी दिशा में-
हवा के एक हल्के इशारे पर भी
खुलती-बंद होती
खिड़की के पास
इंगूरी गमले में लगे

गुलाब को सींच रहे हैं,
मैं अनायास
कमरे से बाहर निकल आता हूँ,
हवा की पथरायी घंटियाँ
मेरे कानों में बजने लगती हैं,
रोशनी भी अंधेरा बनकर-
दूर तक फैल जाती है।
जब मैं सोता हूँ,
एक-दूसरे में मिले-
हजारों रंगों के
रंगहीन डैनों वाली
एक स्वप्निल चिड़िया
आहिस्ता से मेरे पलक चूमती है,
मैं उसे पकड़ने को
बाहें फैलाता हूँ
लेकिन वे हवा में उलझकर
एक-दूसरे से गुथी हुई
मेरी ही छाती पर लुढ़क जाती हैं-
और मैं जग जाता हूँ,
जागता रहता हूँ
शून्य में निराधार तैरती
हजारों आँखों को देखता रहता
पथरायी घंटियों को
सुनता रहता हूँ,
बाहें उठाता, गिराता रहता हूँ
और तभी अचानक
एक झटके के साथ
हँसने लगता हूं।
एक अनुभूति
अनेक आकार प्रकारों में फैलकर
मेरे मन के विस्तार से
गुथी हुई

एक वितृष्णा
व्याप्ति के घेरे,
व्यामोह, एक रूपहीन आग
अब मैं-
दृश्य की नश्वरता में
जागता जा रहा हूं,
इसलिए-
ओ उत्तर-प्रत्युत्तर की खांसी,
विदा,
ओ हज़ार आँखों, विदा,
ओ पथराई घंटियो,
ओ स्वप्निल चिड़ियों,
तुम सब को विदा
तुम सब से विदा,
विदा,
विदा,
अलविदा।

मिल गया : मिल गया

इसी मिट्टी में
मेरे सपने खो गये हैं।
मैं दिनों से, महीनों से,
वर्षों से-
उन्हें ढूँढता आ रहा हूँ,
लेकिन आज मैं
कृत संकल्प हूं,
धूप मुझे जलायेगी-
मैं जलूंगा नहीं
हवा मुझे उड़ायेगी
मैं उड़ूँगा नहीं
और- बरसात मुझे डुबायेगी-
मैं डूबूंगा नहीं
आज मैं उन्हें
ढूँढकर ही दम लूंगा।
तभी मैंने आक्रोश में भरकर-
उसी मिट्टी को मुट्ठी में
जोर से दबाया
मुट्ठी खोली-
मेरी हथेली पर एक नया पैसा था।
मैं मनःसंतोष के लिए
चिल्ला उठा-
'मिल गया,
मिल गया,
मेरे सपनों का लघु संस्करण
मुझे मिल गया।'

नये सिरे से नयी ज़िंदगी

गहरी स्याही में डूबे
मुखवाली अनगिन रातों जैसी
मेरी एक ज़िंदगी
जिसमें
फूलों की भी जगह
उगे थे कांटे केवल
खत्म हो गयी।
एक ज़िंदगी जिसमें
निष्ठुर चिंता की मालिनें
उषा की सारी मेंहदी
चुरा ले गयी-
और बेच आयीं बहार में,
कुछ
पीड़ा के सिक्के लेकर
कुछ उधार में
खत्म हो गयी।
एक ज़िंदगी
जिसमें-
सूरज की सारी गर्मी
पी गया ज़माना,
संध्या को रंग गयी उदासी,
खत्म हो गयी।
सच कहता हूं-
मोह ज़िंदगी को मचला है-
'फिर से जन्मो',
इसीलिए मैं-

नये सिरे से नयी ज़िंदगी-
शुरू करूंगा।
ऐसी एक ज़िंदगी
जिसमें
हर काँटे की चुभन
विहंस कर-
फूल जनेगी
रात चूम लेगी गा, गाकर-
चिन्ता, पीड़ा के मुखड़ों की-
मौन उदासी
जिसमें मेरे श्रम के पुत्र-
पसीने की प्रत्येक बूँद ही-
नये सूर्य के
नव प्रकाश की माल होगी।
जहाँ उषा और संध्या-
दोनों ही अपनी
भरी जवानी में वैधव्य
नहीं मानेंगी।
जो आँसू क्या
विषय भी पीकर
नहीं मरेगी,
अंधकार में
ज्योति भरेगी,
खंडहर की वीरानी भी-
आबाद करेगी।
जिससे-
मेरी चेतनता का-
जड़ वन्ध्यापन भर जायेगा
ऐसे ही मैं
एक नयी ज़िंदगी जिऊँगा
नये सिरे से।

मामेकं शरणं व्रज

जो जन-मन के
भाग्यों के भी भाग्यविधाता
न्याय-विनाशी
पापों के त्रातों के ज्ञाता
तुम्हें समझ साक्षात् ब्रह्म-
मैंने गीता की बात मान ली।
कृष्ण वर्ण,
हे कृष्ण कर्म,
तुम कृष्ण-रूप हो,
इसीलिए मैं
सब धर्मों को छोड़
तुम्हारी शरण आ गया।
अब तुम भी-
गीता को अपना वाक्य समझ,
कुछ हेर-फेर कर
नये तर्क देकर-
रच डालो वह विधान-
जिससे
यह मूर्ख जनता
मेरे पापों को भी पुण्य मान ले।
तभी आपके
इस अनन्य दासानुदास को-
मुक्ति मिलेगी
और हो सकेगी
कूटस्थ अचलता
ध्रुवता वाली स्थिति।

याद करो–
मत–
या कि पक्ष पाने से पहले का
वह वादा,
साफ-साफ क्या कहूं?
बड़े हो,
अंतर्यामी त्रिकालज्ञ हो,
कर्तुं था कि अकर्तुं
और अन्यथा कर्तुं
सब में तुम सम्यक समर्थ हो,
तुम ईश्वर हो।
शरणागत के–
योग-क्षेम का वहन
तुम्हारा परम धरम है।
मैं शरणागत,
मेरे सारे योग-क्षेम का वहन
तुम्हीं को करना होगा।
हे परमेश्वर,
अपना शासन-चक्र चलाकर
करो सफाया
जो न तुम्हारा स्वीकारें अस्तित्व
उन्हीं सब स्वतंत्रचेता,
नास्तिक,
सिफारिश के बल पर
जल्दी से जल्दी,
वही
प्रभावित होकर
व्यर्थ गर्जना-स्वर में
दिलवा दे अपने पैसों से
चाय, समोसा, टोस्ट–
एक मक्खन की टिकिया।
या कि किसी–

बेकारी के दफ्तर की
सक्रिय सदस्य हो।
या कोई
संसद के, हारे प्रत्याशी।
गर्जन-स्वर में
झुंझलाकर गाली देते हो-
अपने विजयी प्रतिद्वंदी को,
और बताते फिरते हो-
जनता को अपनी
अप्रत्याशित पराभूति के
तत्वभूत अपने रहस्य कुछ।
या कोई असफल प्रेमी हो-
बहुत पुराने,
आँसू के अभाव में
आँखें शून्य हो गयीं,
देह हुई पाषाण सदृश जड़,
विक्षिप्तों से-
इधर-उधर बड़बड़ा रहे हो
या प्यासों के फटे राग हो।
ओ असमय के बादल,
ताजी धुली-
आसमानी साड़ी पर-
कोई मटमैला-सा
बड़ा दाग़ हो
गन्दे-से पैबन्द का
हिन्दी में जैसे आया हो
दोष बेतुके छंद का।

फुर्सत नहीं- एक समस्या

हवा से कहा- 'रुको!'
बोली वह- 'फुर्सत नहीं।'
नदी से कहा- 'रुको'
वह भी बोली- 'फुर्सत नहीं।'
झुझलाकर सूरज से कहा-
'तुम्हीं रुक जाओ।'
पान खाये दांत दिखा-
बोला वह भी झुंझलाकर-
'फुर्सत नहीं है मुझे।'
'फुर्सत नहीं' तो एक
प्राकृतिक नियम है।
फिर प्रकृति-दास
आदमी को ही फुर्सत हो-
यह कैसे हो सकता है!
मैंने एक मात्र घूमने के ही
व्यापारी मित्र से कहा साग्रह-
'कभी-कभी मेरे घर भी
आ जाया करो।'
बोले वह उदास हो-
'फुर्सत नहीं मिलती मित्र।'
नाम मात्र को किसी-
विद्यालय में पढ़ने वाले
(वास्तव में शैकीनी घुमक्कड़)
एक लड़के से मैंने कहा-
'कभी-कभी मेरे यहां आकर
पढ़ जाया करो।'

उसने भी दोहराया–
‘फुर्सत नहीं मिलती साब।’
इसी प्रकार और भी कई बेकार,
कामकाजी, नेता, कवि, व्यापारी
या अन्य शुद्ध घुमक्कड़ी पेशा
लोगों से
‘कभी नहीं मिलने’ की
शिकायत करने पर–
एक ही उत्तर मिला–
‘फुर्सत नहीं है मित्र।’
अब मैं देश में कामों की
ऐसी भयानक बाढ़
देखकर सोचता हूं–
‘जो लोग, बेकारी–बेकारी
चिल्लाते हैं,
ये या तो पागल हैं
या बेवकूफ
या देश को व्यर्थ बदनाम करने वाले
शुद्ध देश–द्रोही हैं’
क्योंकि मैं देखता हूं–
‘यहां, वहां, कहीं, कभी
किसी को फुर्सत नहीं।’
इसलिए–
मेरी समझ से तो आज–
समस्या बेकारी की नहीं,
‘फुर्सत नहीं’ की है।

इतिहास की भूल-भुलैया

हम भटक रहे हैं
मुर्दों के टीलों के बीच
ख़ुद भी मुर्दे के एहसास के साथ।
ये मृत जीव कभी-कभी क़ब्र फाड़कर
बोल भी उठते हैं
इनके बोलों को हम-
मृतकों के एहसास वाले लोग ही समझ पाते हैं।

इन टीलों में तवारीख़ें बंद हैं
हर मुर्दे का अपना-अपना इतिहास है
कुछ का सामान्य है
कुछ का ख़ास है।
किसी ने ख़ुद अपना इतिहास बनाया है
किसी ने अपने अनुकूल लिखवाया है
कुछ ने ताम्रपत्रों पर
जो उनके साथ ही लिपटा हुआ
ज़मीन के भीतर गहराई में कहीं पड़ा है
और कुछ ने शिला-पट्टों या स्तंभों पर
जो मिट्टी में मिले उन्हीं लोगों की छाती पर
सलीब-सा गड़ा है।

ये मरे हुए लोग
न हमसे कुछ लेते हैं
न डराते हैं, न भगाते हैं
कुछ न कुछ अवश्य देते हैं।

और हम उनके अंडे सेते हैं
उन अंडों के न दिखाई पड़ने वाले चूज़े
हमें सीख देते हैं
साथ ही अपनी भूलों की भीख देते हैं
हम उन भूलों से कुछ सीखें या न सीखें
यह हमारे हाथ में है
वैसे इतिहास का हर मुर्दा हमारे साथ में है।

हमने टीले खोदे हैं
गहरे और गहरे जाने के लिए
अंदर घुप्प अँधेरे में
भूल-भुलैयों का जाल-सा बिछा है
हमने अपनी रोशनी में चारों ओर देखा है
लेकिन हमारी रोशनी इतनी तेज़ नहीं-
कि हम दूर तक देख सकें।
वैसे भी हम दूर तक कहाँ देख पाते हैं
और न हम अपनी अदूरंदेशी पर शरमाते हैं।

हमें पास ही के एक अँधेरे कोने में
कुछ परछाइयाँ हिलती दिखाई देती हैं
पता नहीं वे मुर्दों की हैं
या हमारी खुद की।
हमें बाहर निकलने का कोई रास्ता नहीं सूझता
वहाँ हमें कोई नहीं बूझता
हम व्यर्थ भटकते हैं
कहीं ठोकर खाते हैं, कहीं अटकते हैं।

तभी हम खुद को टीलों के बाहर पड़ा पाते हैं
जैसे किसी मुर्दे के प्रेत ने उछालकर पटक दिया हो
हमारी आँखें खुलती हैं
शरीर का पोर-पोर दुख रहा है
कुछ समझ में नहीं आता बहुत छटपटाते हैं

अचानक देखते हैं
पास ही एक शिलापट्ट पर लिखा है-
'अपना वजूद खुद तलाश करो
उसे सजाओ, सँवारो
तुम्हारा इतिहास अपने आप बन जाएगा
यदि तुम अपना वजूद नहीं तलाश पाए
तो फिर चाहे हँसो या रोओ
लेकिन आने वाली पीढ़ी के लिए-
विष-बीज मत बोओ।'

हम : आकृतियों के शीतोष्ण टकराव

दीवारें और दरवाज़े
भाग रहे हैं-
सड़कों, गलियों,
फुटपाथों में विभक्त होकर
और हम खड़े हैं
व्यंग्यमूल
कुशल-क्षेम के
निरर्थक प्रश्नों की तरह

...हम अनुभव कर रहे हैं
अनंत विभाजनों में बंद
संपृक्त शोर की
अनामा या अनागतनामा
जीवाश्मिक प्रक्रियाएँ।

कुबड़े पेड़ों की सूँ-सूँ करती टहनियों पर
एकरस अंधता में पैर उलझाकर
शीर्षासनित शताब्दियाँ

...और इन सबके बीच
अर्थमूल,
अपरिचित अपनी ही आकृतियों के
शीतोष्ण टकराव।

लगता है

लगता है
अकस्मात् कट गए हैं हज़ारों कबूतरों के पंख
और एक-एक कर गिर रहे हैं
आधी झुकी इमारतों पर।

सिमट आए हैं
अघुलनशील, संपृक्त अमावस्याओं के दायरे
हमारे कंधों पर।

हर सड़क विभक्त हो गई है
गहरी, चौड़ी, अलंघ्य खाइयों के द्वारा
और हम सब एक साथ गड़ गए हैं
बुझी हुई कंदीलों की तरह
उन खाइयों के एक किनारे पर।

चारों ओर बर्फ़ की नदियों में
बाढ़ आई है।
और जम गई है
हमारे साँसों की ऊष्मा
आदिम गुहाओं के
मुहानों पर।

जाने क्यों
लगता है...!

मछुओं की बस्ती : तीन दृश्य

एक

सागर तट
रेत फँसी नाव।
कीलें
शहतीरें
गले हुए तख़्ते
हड्डियों का ढेर
बालू पर
मलबे का गाँव

दो

सूरज के साथ
उठा मछुओं का गीत
लहरों के आर-पार
छितराते जाल
डोर बिंधी मछली
या डोर खिंची पाल
आसपास
गंध बिंधी शीत

तीन

धुआँ-धुआँ आँगन
धुआँ-धुआँ शोर
वही कीलें
शहतीरें
अंग-अंग, मछली की गंध लसे बच्चे

टूटे हुए फ्रेम
गली
नंगी-
तस्वीरें
सागर तट रेत फँसी नाव।

जन्मदिन

जन्मदिन चाहे मेरा हो या आपका
सबमें हंगामा लगभग एक-सा ही होता है
कोई अपने जन्मदिन पर हँसता है
कोई रोता है।
रोने वाला सोचता है
ज़िंदगी एक दिन और घट गई
जीवन और मृत्यु के बीच की खाई थोड़ी और पट गई
हँसने वाला कभी एक दिन की ख़ुशी पर हँसता है
कभी रोने वाले की नादानी पर
कि उसने बड़ी मुश्किल से मिली
एक दिन की छोटी-सी ख़ुशी को ख़राब कर लिया
किसी एक दिन की निश्चित मौत को आज ही मर लिया।

साल में तीन सौ पैंसठ दिन होते हैं
और उनमें से जन्मने का एक ही दिन निश्चित होता है
ठीक वैसे ही जैसे मरने का भी एक ही दिन निश्चित होता है
फिर हम उन शेष तीन सौ चौंसठ दिनों के लिए
क्यों नहीं रोते, उसी एक दिन के लिए क्यों रोते हैं
छोटी-छोटी ख़ुशियों को आँसुओं में डुबोते हैं
कई साल ज़िंदगी से कम होकर बीते हैं।
हम न जाने हर रोज़ कितने ग़म पीते हैं
इस ग़मों की भीड़ में एक छोटी-सी ख़ुशी
किसी रेगिस्तान में अचानक मिल गए।
पानी के छोटे से झरने की ख़ुशी बन जाती है।
और अनजाने ही एक ख़ुशबू अँकुआ आती है।

यह अँकुआना चाहे ख़ुशबू का हो या ज़िंदगी का
वास्तव में यही ज़िंदगी की निरंतरता है
यहीं अमरता है मानव जाति की
यही मौत हार जाती है
ज़िंदगी इस पार भी रहती है
उस पार भी जाती है
दरअसल इसी तरह
मौत भी ज़िंदगी का ही दूसरा नाम बन जाता है।
मौत का भय अनजाने ही छन जाता है।

जन्मदिन चाहे मेरा हो या आपका
सबमें हंगामा लगभग एक-सा ही होता है
कोई अपने जन्मदिन पर हँसता है
कोई रोता है
ज़िंदगी की निरंतरता देखकर
रोना नादानी है
यही जीवन और मरण की चकित अमरता की कहानी है।

रात : समुद्र में डूबी हुई रोशनियाँ और मैं

मेरे कंधों पर
कुहनियाँ टिकाए खड़ी है
कभी-कभी खुलने वाली मेरी खिड़की।

न जाने क्यों,
शहर की सारी रोशनियाँ
मेरी ही खिड़की के सामने फैले
सीमित समुद्रांश में डूब गई हैं।

पानी के अंतराल को चीरती हुई
आग की लकीरें
मेरी खिड़की के खुले पल्लों में सिमटकर
मेरे कंधों को जला रही हैं।

और मैं खिड़की बंद कर,
चुपचाप लेट गया हूँ,
अनुभव कर रहा हूँ,
बाहर अँधेरे में,
रूढ़िगत,
आत्महंता रोशनी की देह से निकली
क्षणस्पर्शी ऊष्मा का
काँपकर टूटती नई देहों में विलयन।

जहाँ मैं हूँ

इंद्रधनुष
जिन्हें तोड़-तोड़कर
रात मैंने फ़र्श पर बिखेर दिया था
अभी तक मेरे कमरे में बंद पड़े हैं।

इस अँधेरे के बाहर
एक और अँधेरा है
जहाँ मैं हूँ।

हवा से कह दो
मेरा दरवाज़ा तोड़ दे
और फ़र्श पर पड़े
तमाम इंद्रधनुषी टुकड़ों को
अँधेरे में लपेटकर
कहीं दूर उड़ा ले जाए।

अपनी पिछली तमाम ज़िंदगियों से अलग
एक और ज़िंदगी जीना चाहता हूँ
जिसे
धनुष के टुकड़ों से
अपना अस्तित्व बनाने की ज़रूरत नहीं है।

खंडित व्यक्तित्व का समर्पण

मेरे हाथ
जो उठा दिए गए थे
अब तक उठे हैं
हर आने-जाने वाले के प्रति
स्वागत और विदाई में

मेरी गर्दन
जो झुका दी गई थी
अब तक झुकी है।

मेरे संपूर्ण व्यक्तित्व और अस्तित्व के साथ
जो तोड़ दिया गया था
वह अभी तक जुड़ नहीं सका।

दफ़्तर, कुर्सी और मैं

जब भी मैं दफ़्तर पहुँचता हूँ
तमाम कुर्सियों के बीच
अपने आप को
एक कुर्सी बना पाता हूँ
शाम को,
घर पहुँचने पर
अपने बीवी-बच्चों को प्यार नहीं कर पाता
सिर्फ़-

दूसरे दिन फिर वफ़ादारी और मज़बूती से
कुर्सी बने रहने की तैयारी में
कमरे की खूटियों से लटककर
कमर सीधी करता हूँ

अकसर जब,
मैं सड़क पर गुज़रता हूँ
घिस रहे अनगिनत पैरों के बीच
अपने आप को
मात्र एक पेट बना देखता हूँ
महसूस करता हूँ
यहीं-कहीं, इर्द-गिर्द
कुछ कुत्ते हैं
जो सूँघ-सूँघकर
गहरी सहानुभूति और सतर्कता से
मेरी रखवाली कर रहे हैं।

बीता हुआ शोर

बार-बार
अनजाने ही खुल जाते हैं
बंद हुए अध्यायों के द्वार

ढूँढ़ने लगती हैं
अँगुलियाँ
राख की परतों के बीच
एक और परत बनकर दबे
साबुत अँगुलियों के निशान,

अकसर उभरने लगते हैं
बार-बार सुनी हुई आवाज़ों के शोर

और लगता है
हर आदमी के सिरों पर
कुछ मुर्दे हैं
कंधों पर टिके हैं
पत्थरों के ढेर
और मैं
बीते हुए शोर के बीच से गुज़र रहा हूँ।

जब भी मैं

जब भी मैं
हवा में झूलता
बया का घोंसला देखता हूँ
मुझे
पेड़ों की ऊँची टहनियों में उलझी
पत्तों के ऊपर ज़ोर लगाकर
भाग जाने की व्यस्तता में
घबराहट व्यक्त करती
मजबूर शामें याद आ जाती हैं।

जब भी मैं
अपने कमरे की ख़ामोशी और बढ़ाने के लिए
कुछ लिखने बैठता हूँ
मेरे चारों ओर मुर्दों के टीले
सिर उठाने लगते हैं
और
मुझे अपने अंदर
सिर झुकाए
चुपचाप रेंगती हुई
भीड़ का आभास होता है
जिसमें से
मैं स्वयं को गुज़रता देखता हूँ

जब भी मैं
सोने का प्रयत्न करता हूँ।

टूटती आवाज़ें

ओ पिता,
क्या अब भी मैं वहीं खड़ा रहूँ
जहाँ अपनी भविष्यत आज्ञाओं के सहारे खड़ा
तुम मुझे छोड़ गए थे।
चली आ रही है
तुम्हारी इस संस्कारी जहाज़ से निकलती
आग की लपटें
मुझे निगलने,
ये तमाम डाँडे
चिटक-चिटककर
मेरे रोम-रोम से बँध गई है
टूट रही है मेरे माथे पर
तुम्हारे मिथ्या गर्व की
जलती हुई पताकाएँ
मस्तूल धुआं बनकर
मेरी पीठ से चिपक गए हैं
अब मैं पीछे नहीं देख सकता
दिशा-ज्ञान देने वाले लाइट हाउस
अब दिखाई नहीं देते,
दिखाई देती है
धुंधुआकर सुलगती हुई अनगिनत लाशें
जो मेरी हैं...
ओ पिता!
क्या मैं अब वहीं खड़ा रहूँ?
जहाँ मेरी आवाज़ें

आदमी का मांस और चमड़ी की चिराँध बन गई हैं
यह जहाज,
अब ध्वस्त हुआ ही चाहता है
डूबना चाहता है
मेरा समूचा अस्तित्व
आवाज़ दो कि मैं निकल आऊँ
नये जहाज़ों की प्रतीक्षा करते
किनारों पर
एक और किनारा बनकर
निश्चित ध्वंस का मूल्य
मैं नहीं बनना चाहता।
अँधेरे फिर-फिर टूटते हैं
और मैं भी
किसी भी दिशा से
आ सकने वाली तुम्हारी आवाज़ की
–प्रतीक्षा
कब तक करूँ?
ओ पिता,
क्या मैं अब भी वहीं खड़ा रहूँ,
जहाँ मेरी आत्महंता आकृतियाँ
मुझे मुँह बिराती हैं?

धुएँ का शहर

धुएँ का है यह शहर
काले
दमघोंटू
विषैले धुएँ का

यहाँ सड़कें
अब चलने लायक़ नहीं रहीं
आँखें जलती हैं
पानी उगलती हैं
और
दम घोंटकर
चुपचाप आगे निकल जाती हैं

आसमान
किताबों में पढ़ा था
कि नीला होता है
और
गाँव में देखा भी था
सचमुच नीला था
लेकिन यहाँ काला है
स्याह
अँधेरे की तरह

लोग कहते हैं
इस शहर में

सफ़ेदपोश रहते हैं
लेकिन जब भी हमने
सफ़ेदपोश बनकर
निकलने की कोशिश की
स्याहपोश बनकर
घर लौटे हैं
पत्नी हँसी है
छोटी बेटी तालियाँ बजाकर
चिल्लाई है
'पापा भूत
पापा भूत'
लेकिन क्या पता था
कि
इस शहर का काला भूत
उसी को निगल जाएगा
अब यहाँ कोई नहीं चिल्लाता
तालियों की आवाज़
कहीं से सुनाई नहीं देती
सिर्फ़ मैं ही चीख़ता हूँ
चिल्लाता हूँ
अपने भीतर के
गहरे
काले डरावने सन्नाटे में
जो मेरे घर में
चारों ओर पसरा पड़ा है

जब हम घर से निकलते हैं
काम पर जाने
या
काम तलाशने
तो
घरवालों का एक

डरा
सहमा
होंठों में सिसकियाँ भींचे हुए
यह विश्वास भी
हमारे साथ निकल पड़ता है
कि जाने कौन इनमें से शाम ढले
सकुशल घरवालों को देख पाएगा
या फिर
घरवालों को ही जाना पड़ेगा
उसे देखने
किसी अस्पताल में
अथवा श्मशान में!

पता नहीं
यह धुएँ का शहर
कब
किसे
कहाँ
निगल जाएगा
बस
ट्रक
ट्रैक्टर
या
दुपहिया
तिपहिया बनकर
ठीक मेरी बेटी की तरह।

यह शहर धुएँ का है
भुतहा
काले
दमघोंटू
और विषैले धुएँ का।

ट्रैफिक लाइट, लैंपपोस्ट और मैं

एक

मैं
सिर्फ़ तुमसे कहता हूँ
रुको
देखो
चलो
लेकिन मैं स्वयं
सिर्फ़ रुकना जानता हूँ
चलना
मेरे अख़्तियार में नहीं
कहीं
कोई भी मेरे इंतज़ार में नहीं।

दो

मैं
तुम्हें रोशनी नहीं देता
ख़ुद को रोशन करता हूँ
यह कहने
कि
यदि तुम्हीं रोशनी में रहे
और
मैं अँधेरे में
तो कभी न कभी
तुम मुझसे टकराओगे
और
ख़ुद ही चोट खाओगे।

तीन

और मैं
ट्रैफ़िक लाइट की तरह खड़ा हूँ
अपने चारों ओर दौड़ती
गाड़ियों को
टकराहट से बचने का इशारा बनकर
एक लैंपपोस्ट से लिपटा,
मैं
अभी बुझा नहीं
लेकिन अगर
कहीं अचानक बुझ गया
तो हो सकता है
वे तमाम गाड़ियाँ
उस लैंपपोस्ट से ही टकरा जाएँ
जिससे लिपटा मैं खड़ा हूँ
और
लैंपपोस्ट के साथ
मैं भी टूटकर गिर जाऊँ
टूटकर गिरना
मौत से भी ज़्यादा भयावह है
और मैं
जीते रहकर भी
ऐसी भयावह मौत नहीं चाहता।

साँझ, रात और सुबह की धूप

टूटी रही माथे पर छाँह
लाल पंखों की
कटे-कटे पंखों की।

तैरती दिशाओं में
सौ-सौ परछाइयाँ-
शतरूपा, शतधर्मा
मेरी परछाइयाँ।

टकराते पत्तों की
काँपती आवाज़ों से
धरती के, तेरे सब घेरों से दूर
किन्हीं-
आकर्षणहीन
भारहीन
दरवाज़ों से
जगा रही सिरहाने बाँह
छुवन शंखों की
गुंथे बिछे शंखों की।

आँगन में मेरे एक टीला है।
भ्रम यह है- शायद बर्फ़ीला है।
एक गंध बोई है
सिरहाने खाट के
फूली तो सबकी सब

दे दूँगा काट के।

सिर्फ़ धूल है,
मैं हूं,
और अभी
मेरे ही पैरों की छाप है
बाहर से आता है अँधियारा
भीतर से सीलन की भाप है

दरवाज़े पर
सूनेपन का जो पहरा है
कोई आवाज़ नहीं सुनता
-वह बहरा है

आसमान सूखा है, नीला है
भ्रम यह है मेरा घर गीला है।

धुले-धुले केले के पात
संस्पर्शों के घेरे
सूखती टहनियों के बीच से
झाँक-झाँक जाता एकाकीपन
टूट-टूट जाती परछाइयाँ
या, अनंत ध्वनियों के बीच से
उभर-उभर आता अनचाहा क्षण
डूब-डूब जाती गहराइयाँ

उड़ रहे हवाओं में
गाँव, नगर, आदमी
मैं, तुम और उखड़ी-सी,
याद की दुहाइयाँ

धुली-धुली अलकों में रात

यह टूटते अँधेरे
धुले-धुले केले के पात
संस्पर्शों के घेरे।

सड़कों पर टूट गई मीनारें
गलियों में बिखर रहे ताजमहल
चाहो तो आ जाना बीनने
खंड-खंड बीनने।

मैं हूँ और,
साथ नई संस्कृति का शहर
नया शोर
एक पिटी शाम
घुटी रात
थकी भोर

पिछवाड़े बगिया में जलते हैं नीम
मेरे पुरखों के नीम
जलते हैं मेड़ों के छोर।

आँगन में ढेर हुई दीवारें,
द्वारे पर छितर रही चहल-पहल।
जो चाहो आ जाना बीनने
मुझको,
घर, आँगन या
गाँव, शहर बीनने
खंड-खंड बीनने।

बारह ग़ज़लें

(एक)

इस हाट में बिकती नहीं कोई भी जिंस अब
ग़लती से ख़रीदार लोग आ गए होंगे

बाज़ार बंद है किसी गोदाम में जाकर
वीराने में दो-चार लोग आ गए होंगे

मय्यत हो या बारात या जुलूस या जलसा
वादों पै ही लाचार लोग आ गए होंगे

कुछ इस तरह गिरी हैं ज़माने में क़ीमतें
बिन माँगे ही उधार लोग आ गए होंगे

इस पार महामारी है उस पार भुखमरी
मझधार में बीमार लोग आ गए होंगे

अब तो नहीं टूटेगी ये ख़ामोशी कभी भी
महफिल में समझदार लोग आ गए होंगे।

(दो)

कहते हैं लोग आती है बहार भी कभी
लेकिन हमें ख़िज़ाँ के सिवा कुछ नहीं पता

मुड़ते हवा के साथ रहे जो सदा, उन्हें
क्यों और कब, कहाँ के सिवा कुछ नहीं पता

माथा पकड़कर आज तक रोते रहे ये लोग
इनको ग़लत निशाँ के सिवा कुछ नहीं पता

ख़ंजर नहीं उठा सको तेवर ही बदल लो
तुमको तो मेहरबाँ के सिवा कुछ नहीं पता

वो क्या करेंगे रोशनी घर में कभी, जिन्हें
बुझती हुई शमाँ के सिवा कुछ नहीं पता

जन्नत भी कहीं होती है ये कहती है किताब
लेकिन हमें यहाँ के सिवा कुछ नहीं पता

(तीन)

क़स्बे हो या शहर या कि दूर के देहात
हर जाँ जनाब जाते है मालिक के वास्ते

गुलशन में, गुलिस्ताँ में, गुलदस्ता तलक में
ये खिलते हैं जो मुरझाते हैं मालिक के वास्ते

एच.एम.वी. रिकॉर्ड के मानिंद हैं ये लोग हर
वक़्त बजे जाते हैं मालिक के वास्ते

अब कैसे राजदाँ कहें कोई इन्हें यहाँ
ढोलक से कसे जाते हैं मालिक के वास्ते

कुत्ते हों या सूअर हों या घोड़े या गधे
हर शक्ल ओढ़ आते हैं मालिक के वास्ते

सब कुछ छुपाए ठीक, मगर आज अपना पेट
दाई से छपाते हैं ये मालिक के वास्ते

(चार)

उल्लुओं की भीड़ पर इतरा रहे हैं,
क्यों परायी मौत मारे जा रहे हैं

वे शहर की गंदगी के नाम पर ही
आदमीयत को बुहारे जा रहे हैं।

खँडहरों की बस्तियों के मुआइने में
नाम सब फ़र्ज़ी पुकारे जा रहे हैं

सब्र रक्खो, तुम भी बेहतर दिख सकोगे
आईने ऐसे सँवारे जा रहे हैं

चंद दिन की बात है बस, रोटियों के-
आँकड़े बनकर के सारे जा रहे हैं

जानवर बिकते रहे जिस हाट में, अब-
आदमी ट्रक से उतारे जा रहे हैं।

(पाँच)

बात छोटी थी, कहानी हो गई
जाने किसकी मेहरबानी हो गई

साँस लेना और, जीना और है
बात ये काफ़ी पुरानी हो गई

आज तो हर साँस के ही साथ में
खिंच गई वो ज़िंदगानी हो गई

चिमनियाँ हैं गर्म हम से ही यहाँ
पर हमारी आग पानी हो गई

क़र्ज़ बापू ने लिया है आज ही
आज ही बेटी सयानी हो गई

(छह)

आदमी से भी गए-बीते
नजर आने लग गए चीते

सड़क पर बस में दुकानों में
रोज़ मिलते रहे अनचीते

इस शहर को छोड़ दो यारो
सिर्फ़ मुर्दे ही यहाँ जीते

नहीं आदम बू, न कुछ एहसास
आदमी हैं या घड़े रीते

बहुत अपने से लगे वे दिन
जो सड़क की भीड़ में बीते

(सात)

अब वही शाम, वही शहर है मगर फिर भी
वह नहीं है कि जो माहौल हुआ करता है

मेरे ये हाथ अभी तक उठे हैं सिजदे में पर
नहीं याद यहाँ क्या-क्या हुआ करता है

रोशनी कम है मगर रोशनी का आलम है
ऐसा एहसास कहाँ किसको हुआ करता है

देख के बिखरते फूलों की पंखुरियाँ अकसर
कौन नये फूल के खिलने की दुआ करता है

आज हर बात का अंदाज़ ही कुछ ऐसा है
जैसे भीड़ों-भरी राहों का हुआ करता है

आज दस्तक भी उभरती है तो सन्नाटे-सी
जैसे कोई किसी अजगर को छुआ करता है

चीख़ती हैं दरोदीवार किसकी दहशत से
गोया मातम का भी एक वक़्त हुआ करता है

वो जो हर रोज बदलते हैं अपनी बातों को
उनकी बातों का भी एतबार हुआ करता है

शाख़ से टूटकर गिरना भी भला क्या गिरना
आँख से टूटा तो किरदार हुआ करता है

(आठ)

किसी गुरु या औलिया की बात मत करना
किसी गमछे या तौलिया की बात मत करना

हमने देखे हैं जमाने में ऐसे बहुत-से लोग
किसी फ़क़ीर या औलिया की बात मत करना

कौन किस बात में धोखा दे हमें नहीं मालूम
किसी जटली, किसी मुंडी या दढ़ियल की बात मत करना

ज़माने में मुमकिन है कि घड़ियाल के आँसू भी मिलें
लेकिन सपने में भी घड़ियाल की बात मत करना

ये बड़ा धोखा है और इससे बड़ा कुछ भी नहीं
किसी बड़बोले मददगार की बात मत करना

देखकर रूप कभी धोखा नहीं खा जाना
धोखा धोखा है कभी यार बात मत करना

अपने ही छुरी घोंपते हैं पीठ में यार अब
ऐसे किसी दिलदार की बात मत करना

(नौ)

यूँ हज़ारों मुखौटे लगाते हैं लोग
असली चेहरों को उनमें छुपाते हैं लोग

ढूँढ़ते रोज़ कंधे छुपाने को सिर
रोके आँसू की दौलत भुनाते हैं लोग

अपने घर की बुराई को ढँकते नहीं
दूसरों की बुराई बताते हैं लोग

ऐसा बिगड़ा चलन इस ज़माने का है
बौने हैं आसमाँ को उठाते हैं लोग

भूल जाते हैं सच्चाइयों की क़दर
झूठ का ही तमाशा दिखाते हैं लोग

ये तो ठग हैं ठगी इनका बड़बोलापन
स्नाबरी से ही खुद को बचाते हैं लोग

या खुदा इनकी अक्ल पै पत्थर पड़े
खुद खुदा से बड़ा बताते हैं लोग

काम जो इनसे हो पाएगा ही नहीं
बस उसी की जुगाली को खाते हैं लोग

क्या अदा है बड़प्पन की जादू-भरी
झट हथेली पै सरसों उगाते हैं लोग

(दस)

हम फटेहाल इसी बस्ती में ही बसते हैं
काम जो कुछ भी हो करने के लिए सस्ते हैं

देखकर काम दाम दीजिए हुज़ूर
हम किताबें नहीं हैं ख़ाली बस्ते हैं

एक दिन ऐसा भी आएगा यहाँ
लोग देखेंगे कितने खस्ते हैं

आप हम पर रहम खाइएगा
हम फिर भी ख़ुदी पर हँसते हैं

साँप हैं और लोग दुनिया में
घोलते हैं ज़हर और ख़ुद ही हँसते हैं

या ख़ुदा ऐसी जगह हम को दो
जहाँ हम से ही लोग बसते हैं

(ग्यारह)

आइए आप ही का स्वागत है
देखिए आदमी की क्या गत है

कोई नहीं पूछता है इंसाँ को
इंसानियत देखो कितनी आहत है

कोढ़ बनकर के आदमी का लहू बहता है
लोग कहते हैं किसी जन्म की करामत है

मैं नहीं मानता किसी जन्म की करामत को
ये तो इस वक़्त बिगड़ी हुई शराफ़त है

देखिए क्या हुआ क्या होगा आते वक़्तों में
ऐसी बातों की अनाचार ही ज़मानत है

हम बहुत दूर रहे फिर भी इस ज़माने में
दोस्तों की दुआ बन गई हज़ामत है

क्या कयामत-सी ये कयामत है
आपकी ही दुआओं की ये शहादत है

(बारह)

गुज़रे वक्तों की याद आई है,
हम नहीं, जानती वो दाई है

पेट बढ़ता ही चला जाता है
किसी फूले हुए गुब्बारे की परछाई है

क्या करें कुछ समझ नहीं आता
हम तमाशा नहीं हैं, दुनिया तमाशाई है

एक दिन हमने भी यह देखा था
ख़्वाब में दोशीजा परी आई है

लेकिन वो ख़्वाब था हकीक़त तो नहीं
हक़ीक़त में तो हरसूँ ठोकर खाई है

नौ दो ग्यारह हुए वे लोग जो यक़ीन देते थे
पता ढूँढ़ने में उनको हँसी आई है

क्या कहें चाल ज़माने की बड़ी टेढ़ी है
हमने भी यहाँ टेढ़ी खीर खाई है

हम न रुसवा हुए किसी की बातों से
बात तो बात है, कोई नहीं रुसवाई है

देखिए कौन-सी करवट ये ज़माना लेगा
हमने हर करवट आज़माई है।

संपादक का परिचय

महेश दर्पण

आठ कहानी संग्रह, दो आलोचना पुस्तकें, पांच जीवनियां, दस बाल साहित्य की पुस्तकें, चार नवसाक्षरों की पुस्तकें और पंद्रह अन्य पुस्तकें।

महत्वपूर्ण संपादनः बीसवीं शताब्दी की हिंदी कहानियां बारह खंडों में तथा स्वातंत्र्योत्तर हिंदी कहानी कोश दो खंडों में।

संस्कृति मंत्रालय की सीनियर फेलोशिप के अंतर्गत हिंदी कहानी के विकास पर गहन शोध में संलग्न।

गणेश शंकर विद्यार्थी पुरस्कार, पुश्किन सम्मान, हिंदी अकादमी, दिल्ली द्वारा साहित्यकार सम्मान एवं कृति सम्मान, पीपुल्स विक्ट्री अवार्ड, सुभाष चंद्र बोस सम्मान, संस्कृति सम्मान सहित अनेक पुरस्कारों से सम्मानित। मास्को विश्वविद्यालय में कहानी तथा भारत के अनेक विश्विद्यालयों में लघुकथाएं पाठ्यक्रम में शामिल।

कहानी 'छल' पर टेलीफिल्म प्रसारित।

संपर्क: सी-3/51 सादतपुर , दिल्ली 110090

ईमेल : darpan.mahesh@gmail.com

www.ingramcontent.com/pod-product-compliance
Lightning Source LLC
LaVergne TN
LVHW010921051026
849532LV00003B/794